高职院校航空服务类专业规划教材

民航货物运输

主编◎刘存绪　唐健禾　辜英智
编著◎顾建庄

四川大学出版社

项目策划：高庆梅
责任编辑：高庆梅
责任校对：余　芳
封面设计：墨创文化
责任印制：王　炜

图书在版编目（CIP）数据

民航货物运输 / 顾建庄编著. — 成都：四川大学出版社，2020.9（2023.1 重印）
高职院校航空服务类专业规划教材 / 刘存绪，唐健禾，辜英智主编
ISBN 978-7-5690-3410-3

Ⅰ．①民… Ⅱ．①顾… Ⅲ．①民航运输－货物运输－高等职业教育－教材 Ⅳ．① F560.84

中国版本图书馆 CIP 数据核字（2020）第 167836 号

书　名	民航货物运输
主　编	刘存绪　唐健禾　辜英智
编　著	顾建庄
出　版	四川大学出版社
地　址	成都市一环路南一段 24 号（610065）
发　行	四川大学出版社
书　号	ISBN 978-7-5690-3410-3
印前制作	四川胜翔数码印务设计有限公司
印　刷	成都金阳印务有限责任公司
成品尺寸	185mm×260mm
印　张	13
字　数	207 千字
版　次	2020 年 10 月第 1 版
印　次	2023 年 1 月第 3 次印刷
定　价	42.00 元

◆版权所有 ◆侵权必究

◆ 读者邮购本书，请与本社发行科联系。
　电话：(028)85408408/(028)85401670/
　(028)86408023　邮政编码：610065
◆ 本社图书如有印装质量问题，请寄回出版社调换。
◆ 网址：http://press.scu.edu.cn

四川大学出版社
微信公众号

"高职院校航空服务类专业规划教材"编委会

主　　编：刘存绪　唐健禾　辜英智
编　　委（以姓氏汉语拼音音序排列）：

　　　　陈　刚　　陈蕾吉　　陈璇竹　　辜英智　　顾建庄
　　　　黄冬英　　黄怡川　　李桂萍　　李雯婧　　刘存绪
　　　　刘　华　　刘媛媛　　卢　坤　　全　瑜　　唐健禾
　　　　王　刚　　王俊雷　　王志鸿　　王椤兰　　魏　庆
　　　　吴　易

前　言

为落实《国家中长期教育改革和发展规划纲要（2010—2020年）》《国家职业教育改革实施方案》确定的"立德树人"的根本任务，遵循《中国教育现代化2035》提出的"以德为先""全面发展""面向人人""终身学习""因材施教""知行合一""融合发展""共享共建"的理念，依据教育部《高等职业学校专业教学标准》及相关行业标准，培养具有较高的专业应用水平和良好的综合素质，熟练掌握民航服务基本技能，适应民航业发展需要的复合型、技能型、应用型高级航空服务专业人才，学院组织专家、学者编写了这套适应"十四五"期间教学需求的高职院校航空服务专业规划教材。

四川东星航空教育集团自2006年创建以来，始终致力于为中国民航培养高素质的航空服务类专门人才。集团旗下的天府新区航空旅游职业学院汇集了一大批热爱民航教育事业的专、兼职教师，聘请了一大批行业专家担任顾问，指导办学。2017年学院组织编写的"十三五"规划民航特色专业统编教材（共16种）由四川大学出版社出版发行后，受到广大师生和同类院校、行业专家的一致好评。

新时期我国民航业的飞速发展，必然会对从业人员提出新的要求。作为培养航空服务专业人才的高等职业院校，我们充分认识到原有的教材体系和内容已经不能满足现实发展的需要。2019年，天府新区航空旅游职业学院成立了"高职院校航空服务类专业规划教材"编委会，启动了对"十三五"规划民航特色专业统编教材的全面修订工作。经过一年多的努力，这套面向"十四五"的高职院校航空服务类专业规划教材即将付梓。本系列教材包括《民航概论》《民用航空法律法规基础》《民航服务心理

学》《民航安全检查》《客舱服务英语》等15种。参与编撰的人员有陈刚、陈蕾吉、陈璇竹、辜英智、顾建庄、黄冬英、黄怡川、李桂萍、李雯婧、刘存绪、刘华、刘媛媛、卢坤、全瑜、唐健禾、王刚、王俊雷、王志鸿、王椤兰、魏庆、吴易等。辜英智、刘存绪、唐健禾对全套书进行了审读、统稿并定稿。

在本系列教材的编写过程中,四川大学出版社的编辑提出了许多宝贵的修改意见,民航业界的学者与专家做了权威的指导,相关学者的文章和专著提供了有价值的参考资料和信息,在此一并致以诚挚的谢意。相对于我国高速发展的民航服务业,本系列教材还难以概其全貌,加之编者水平有限,疏漏之处在所难免,恳请读者批评指正。

"高职院校航空服务类专业规划教材"编委会
2020年9月

目　录

模块一　综合概述 ·· (001)
　项目一　民航货物运输概述 ································· (001)
　　任务一　民航货物运输基础 ····································· (001)
　　任务二　民航运输相关法律公约及行业组织 ················· (011)
　项目二　民航货物运输工具 ································· (019)
　　任务一　民航货物运输飞机 ····································· (019)
　　任务二　民航货物运输集装器 ·································· (025)

模块二　民航货物运输流程 ····································· (033)
　项目一　民航货物收运 ·· (033)
　　任务一　国内外民航货物收运的规定与限制 ················· (033)
　　任务二　填制民航货物托运书与民航货运单 ················· (044)
　　任务三　民航货运包装 ·· (066)
　　任务四　民航货物标识 ·· (072)
　项目二　民航货物仓储与装卸 ································ (081)
　　任务一　民航货物仓储、配载与出仓 ························· (081)
　　任务二　民航货物装卸 ·· (085)
　项目三　民航货物运送、到达与交付 ······················· (091)
　　任务一　民航货物运送 ·· (091)
　　任务二　民航货物到达与交付 ·································· (096)

模块三　民航货物运输费用 ····································· (102)
　项目一　国内民航货物运输费用 ······························ (102)
　　任务一　国内民航货物计费重量 ································ (102)

任务二　国内民航货物运价……………………………………………(106)
　　任务三　国内民航货物运费计算………………………………………(112)
　　任务四　国内民航货运其他费用计算…………………………………(120)
项目二　国际民航货物运输费用……………………………………………(125)
　　任务一　国际民航货物计费重量与货币………………………………(125)
　　任务二　国际民航货物运费计算………………………………………(129)
　　任务三　国际民航货运其他费用计算…………………………………(141)

模块四　特种货物运输………………………………………………………(143)
项目一　特种货物机长通知单………………………………………………(143)
　　任务　填制特种货物机长通知单………………………………………(143)
项目二　特种货物运输操作…………………………………………………(147)
　　任务一　危险物品运输操作……………………………………………(147)
　　任务二　贵重物品运输操作……………………………………………(156)
　　任务三　活体动物运输操作……………………………………………(160)
　　任务四　鲜活易腐货物运输操作………………………………………(164)
　　任务五　其他特种货物运输操作………………………………………(167)

模块五　民航货物不正常运输与赔偿………………………………………(175)
项目一　处理民航货物不正常运输…………………………………………(175)
　　任务一　处理无法交付货物和品名不符货物…………………………(175)
　　任务二　处理民航货物运输不正常情况………………………………(178)
　　任务三　处理民航货物运输变更情况…………………………………(184)
项目二　民航货运赔偿………………………………………………………(189)
　　任务　处理民航货运中的赔偿问题……………………………………(189)

附录一　国内主要航空公司二字代码………………………………………(193)
附录二　各类机型飞机货舱数据……………………………………………(194)
附录三　货运操作代码………………………………………………………(196)
附录四　常见的缩写代码……………………………………………………(197)
附录五　不正常运输的种类和代码…………………………………………(198)
附录六　其他费用代码………………………………………………………(199)
参考文献………………………………………………………………………(200)

模块一　综合概述

项目一　民航货物运输概述

任务一　民航货物运输基础

🔍 **学习目标**

1. 了解民航货物运输的概念与特点。
2. 熟悉并能区分民航货物运输的各种类型。

一、民航货物运输的概念

民航货物运输简称民航货运，是指以民用航空器作为运输工具而进行的货物运输，其产品是货物在空间上的位移。

我国民航货物运输的主要对象为鲜活产品（如水果、鲜花）、精密机械产品（如医疗器械）、电子产品（如计算机）、商务文件、通信产品（如手机）等。随着社会经济的不断发展，书籍、药品、玩具等也已逐渐成为民航货物运输的对象。

二、民航货物运输的特点

现代运输方式主要有铁路运输、公路运输、水路运输、民航运输和管道运输五种。相对于其他几种运输方式而言,民航货物运输具有以下特点。

(一)运输速度快

运输速度快是民航货物运输的最大特点和优势,且距离越长,所能节省的时间越多,其快速的优势也越显著。随着民航技术的发展,这一特点也越来越突出。现代喷气式飞机时速在900公里/小时左右,比轮船快二三十倍,比火车快七至十二倍。从这一特点来看,民航货物运输更适用于对运输时间要求较高的货物。

资料:

快递公司增购飞机应对"双11"

2015年"双11"期间(11月11-16日),快递行业处理的邮件、快件业务量超过7.6亿件,比2014年同期增长42%。为了应对"双11",不少快递公司赶在购物狂欢之前引进新的货运飞机,而普通快递公司更是提前几个月就预定了民航航班的货舱舱位。

2015年9月26日,圆通快递旗下的圆通航空承担西南地区到"江浙沪包邮区"往返的重任。2015年10月24日,顺丰速递旗下的顺丰航空迎来了自家的第21架货运飞机(截至2019年底,顺丰航空拥有近50架货机),派驻杭州萧山国际机场,它负责的是"江浙沪包邮区"与全国各地的快递往来。也就是说,2015年的"双11"网购大战,无论你是在全国哪位电商那里购买了商品,只要选择顺丰快递或圆通快递,很可能就是被这两家的飞机送到长三角,再转陆路运输送到你手中的。

各快递公司选择民航货物运输,主要是因为其具有运输速度快的优势。

(二)不受地形限制

飞机在空中飞行,受航线条件限制的程度比汽车、火车和轮船要小得多,它可以将地面上任何距离的两个通航地点连接起来。不论高山、大川,也不论沙漠、海洋,只要两点之间设有机场,就可以开辟航线,相对不受地理条件的限制。

> **课堂练习**

对照地图，看看国内主要航线跨越了哪些地形地貌，体会民航货物运输"不受地形限制"的特点。

（三）破损率低、安全性好

飞机发生事故的概率是 0.05%～0.1%，远远低于地面或水上运输，安全系数最高。现代喷气式运输机的飞行高度一般在 1 万米以上，不受低空气流的影响，飞行平稳，可以减少运输过程中由于挤压等原因造成的货物损坏。另外，由于民航货物运输的中间环节少、操作流程管理严格、运输手续相对简便，因此，运输过程中的遗失、损坏几率也就相应减少很多。从这一点来看，民航运输更适用于价值高、易破碎等货物的运输。

（四）可达性差

通常情况下，民航货物运输难以实现"门到门"运输，必须借助其他运输工具（主要为汽车）转运。

（五）运载量有限，运输成本高

飞机的机舱容积和载重量有限，有时还会受到气候条件的限制。另外，价格不菲的飞机本身及航材、维修费用等，加上民航燃油价格持续上涨等诸多因素，造成民航运输的成本较高。民航运输的高成本一般要转嫁到消费者身上，这就给利用民航运输的单位或个人带来经营成本的增加，也在很大程度上限制了民航货物运输的发展。

此外，民航货物运输还具有基本建设周期短、占地少、投资省、收效快等特点。对于使用民航货物运输的用户来讲，民航货物运费偏高造成的不利因素完全可以被综合经济效益的提高所抵消。因此，民航运输成为现代多种运输方式中最为理想的运输方式。

三、民航货物运输的作用

（1）可以使货物抢行就市，卖出好价钱，增强商品的竞争能力，对贸易的发展起到很大的推动作用。

(2) 民航货物运输适合于鲜活、易腐，以及季节性强的商品的运输。这些商品对时间的要求极高，如果运输时间过长，则可能使商品变为废品。

(3) 对于价值高的商品，可以利用民航运输，从而使商品周转快、存货量降低、资金回收迅速，以节省仓储和利息等费用。

(4) 民航运输是国际多式联运的重要组成部分。

四、民航货物运输的分类

按运输组织形式划分，民航货物运输可分为班机运输、包机运输、包舱运输、集中托运和民航快递。

（一）班机运输

班机运输是指利用固定航线（固定始发站、目的站和经停站）来运输货物。一般航空公司都是用客货混合型飞机，一些较大的航空公司在某些航线开辟定期的货运航班，使用全货机运输货物。

班机运输由于固定航线、固定停靠港和定期开飞航班，能安全迅速地到达世界上各通航地点，便于收发货人确切掌握起运和到达的时间，因此国际货物流通多使用班机运输。班机运输一般使用客货混合型飞机，所以舱位有限，大批量的货物不能同时运输，往往需要分期分批运输。

（二）包机运输

包机运输是指航空公司按照约定的条件和费率，将整架飞机租给一个或若干个包机人，从一个或几个民航站装运货物至指定目的地。

优点：

(1) 解决班机舱位不足的问题。

(2) 节省时间。

(3) 弥补没有直达航班的缺点。

(4) 减少货损、货差现象。

(5) 缓解空运旺季航班紧张状况。

(6) 解决活体动物、海鲜等运输问题。

包机运输可分为整包机和部分包机两类。

1. 整包机

整包机即包租整架飞机，指航空公司按照与租机人事先约定的条件及费用，将整架飞机租给包机人，从一个或几个民航站装运货物至目的地。

（1）包机人一般要在货物装运前一个月与航空公司联系。

（2）包机的费用一次一议。按每一飞行公里费用的80%收取空放费。

（3）适合于大宗急需或有特殊要求的货物。

（4）运费视国际运输市场的供需情况而定。

2. 部分包机

部分包机是由几家民航货运代理公司或发货人联合包租一架飞机或者由航空公司把一架飞机的舱位分别卖给几家民航货运代理公司装载货物的运货方式。

部分包机的特点：

（1）时间比班机运输长，运费较班机运输低。

（2）各国政府为了保护本国航空公司的利益，对从事包机业务的外国航空公司实行各种限制。

（3）适用于不足整机的货物。

资料：

天津机场首开长颈鹿包机

2015年7月14日，天津滨海国际机场首次保障长颈鹿包机，成功从南非运送63头长颈鹿到达天津。这63头长颈鹿乘坐全货机从南非约翰内斯堡出发，降落在天津机场，天津机场顺利完成该包机的地面操作保障，随后将长颈鹿送往济南、安吉、十堰等七个地方的动物园。虽然天津机场货运公司在活体动物包机保障方面经验丰富，但保障长颈鹿包机尚属首例。与以往的种牛、种马甚至保障难度很高的海豚包机相比，长颈鹿包机保障更具挑战性。由于长颈鹿特殊的体型，运输途中使用的是专用箱笼，且长颈鹿嗅觉、听觉敏锐，生性机警、胆怯，因此在操作中对平稳度、操作环境要求很高。目前，天津机场货运保障能力日趋完善，货运包机业务逐渐成为天津空港货运公司和天津机场货运业务的一个特色。

（三）包舱运输

包舱运输是指托运人在一定航线上包用承运人全部或部分货舱运输货

物,包舱人可以在一定时期内或一次性包用承运人在某条航线或某个航班上的全部或部分货舱,并与承运人签订包舱运输合同。

包舱运输合同一般是一年一签,每年年底商定第二年的运价。

(四)集中托运

1. 集中托运的概念

集中托运是指民航货运代理公司把若干批单独发运的货物组成一批向航空公司办理托运,填写一份总运单,将货物发运到同一目的站,由民航货运代理公司在目的站的代理人负责收货、报关,并将货物分别拨付给各收货人。

集中托运是民航货物运输中最为普遍的一种形式,这种托运方式可争取到较低廉的运价,在国际民航货物运输中使用很普遍,也是民航货运代理公司的主要业务。集中托运既可以节省运费,又可以方便收货人提货,但并不是所有货物都可以采用这种方式,例如等级货物(如贵重物品、危险物品、活体动物、文物等)一般不能集中托运。另外,对可以享受航空公司优惠运价的货物(如指定商品)来讲,使用集中托运可能不仅无法节约运费,反而会加重托运人的运费负担。

2. 集中托运的优缺点

(1)优点。

①运费较低。(因为民航货物运费的费率会随托运货物数量的增加而降低)

②服务质量高。(集中托运人往往能提供专业性服务,有完善的地面服务网络和服务项目)

③提早结汇。

(2)缺点。

①贵重物品、活动物、危险品等不能采用集中托运。

②不适合易腐烂货物和紧急货物。

③能享受特种运价的货物不适合采用此种方式。(因为运费更高)

3. 集中托运的具体做法

第一步,将每一票货物分别制定民航运输分运单,即出具货运代理的运单。

第二步，将所有货物区分方向，根据其目的地，按照同一国家、同一城市来集中，并制定出航空公司的总运单。

第三步，打出该总运单项下的货运清单。

第四步，把该总运单和货运清单交给航空公司。

第五步，货物到达目的站机场后，当地的货运代理公司作为总运单的收货人负责接货、分拨。按不同的分运单制定各自的报关单据并代理报关，为实际收货人办理有关接货、送货事宜。

第六步，实际收货人在分运单上签收以后，目的站货运代理公司以此向发货的货运代理公司反馈到货信息。

4. 集中托运的流程

集中托运的流程如图1-1所示：

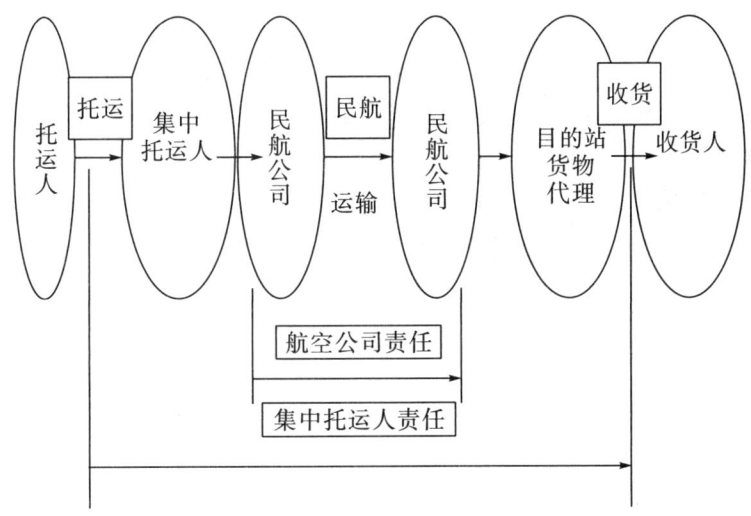

图1-1 集中托运流程图

资料：

民航集中托运与直接运输的区别

1. 接管货物人不同

(1) 前者：集中托运商。

(2) 后者：承运人（航空公司）。

2. 使用的民航货物运单形式不同

(1) 前者：分运单＋主运单。

(2) 后者：民航货物运单。

3. 民航货物运单的填写不同

(1) 收发货人不同。

(2) 运价不同。

(3) 出单日期不同。

（五）民航快递

民航快递也称快件、速递、快运，是专门经营该项业务的民航货运代理公司派专人以最快的速度在货主、机场、客户之间运输和交接货物的运输服务业务。

1. 业务形式

(1) 门到门（桌到桌）服务。

(2) 门（桌）到机场服务。

(3) 专人派送。

2. 特点

(1) 收件范围受限：毛重不超过 32kg，单边长不超过 102cm，三边长不超过 175cm。

(2) 运输单据特别：是"交付凭证"，不是"民航货物运单"。

(3) 空运速度快。

(4) 业务范围覆盖全球。

(5) 服务质量高。

资料：

世界四大民航快递

(1) UPS 快递（UPS Express）：1907 年成立于美国华盛顿州西雅图，现总部位于美国佐治亚州亚特兰大市，每天在全世界 200 多个国家递送的包裹超过 1480 万个。UPS 以其褐色的卡车而闻名，在美国，褐色的卡车就是包裹车的代名词。UPS 使用在其车辆和制服上的这种褐色被称为"普式褐"。2012 年 3 月，UPS 收购欧洲快递巨头 TNT。

(2) 联邦快递：在 1971 年由前美国海军陆战队员 Frederick W.

Smith 在阿肯色州小石城创立，1973 年迁往田纳西州孟菲斯市，因为小石城机场官员拒绝为公司提供设施。现在联邦快递已经发展成为一个国际性速递集团。其品牌商标 FedEx 是由公司原来的英文名称 Federal Express 合并而成。其标志中的"E"和旁边的"x"刚好组成一个反白的箭头图案。

（3）DHL（敦豪）：于1969年在美国加利福尼亚州成立，总部设在比利时布鲁塞尔。2002年开始，德国邮政控制了其全部股权并把旗下的敦豪、丹沙公司以及欧洲快运公司整合为新的敦豪公司。2003年德国邮政又收购了美国的空运特快公司，2005年又收购了英国的英运公司。至此，敦豪快递公司拥有世界上最完善的快递网络之一，可以到达220个国家和地区的12万个目的地。

（4）TNT：是一家总部位于荷兰霍夫多普的快递及邮件递送服务公司。TNT 成立于澳大利亚，1998年荷兰邮政并购了TNT，2006年后荷兰邮政在全球范围内以TNT作为统一品牌开展各种业务。2012年3月20日UPS斥资51.6亿欧元收购TNT快递，使UPS在欧洲的营运量倍增。

五、民航货物运输的发展

消费升级与互联网革命这两个因素推动了新零售业的进一步发展，新零售业的发展则推动了民航货运业的急剧变革。民航货运业开始由标准化的大宗民航货运转向个性化、快速响应市场的碎片化民航货运。

过去十年，中国市场发生了很大的变化，其原因是什么？有两个关键原因：一是市场化区域空间被打破，形成统一市场的平台经济，即平台不是一个简单的卖货的网站，它已经构成了一个上千万的企业共同创建的统一大市场；二是这个大市场带来了民航货运业的新现象，大家把它叫作"包裹经济"。

今天，中国的包裹经济规模很大，2019年实现了超600亿元的快递业务量，每天淘宝平台产生超过7000万个包裹。这背后有五个因素：一是传统的商业基础设施匮乏，特别是在三、四、五线城市，商业基础设施不完善；二是第三次产业转移使中国成为世界工厂，提供了大量产品和货

民航货物运输

源;三是极低的民航货运成本,包括中国快递员较低的劳动力成本;四是城镇化加速后形成人口聚集的规模效应,使得快递送达形成了规模经济;五是跨境电商的迅速发展。

回顾传统工业经济领域,过去的沃尔玛体系、奥特莱斯体系都是大型连锁体系,大需求拉动大采购和大规模生产制造,用大规模零售体系配套大规模生产体系,从而构成零售、商业和民航货运体系。但是今天由于电商的发展,由于新零售的发展,一个由互联网所驱动的新型数据经济正在成长。淘宝70%的包裹运输半径超过1000公里,这已经不是过去大零售驱动的大规模生产制造和民航货运系统。世界发生了很大变化,其中一个标志性事件是2016年阿里平台上的零售交易总额超过3万亿人民币,达到这个数据阿里只用了13年,而沃尔玛用了54年。

新零售绝不只是一个零售端的问题,一定伴随着新制造,而新零售、新制造一定要靠新的民航货运来支撑。本质上,民航货运仍在连接生产和消费。

课后练习

一、填空题

1. 民航货物运输是指以_____作为运输工具而进行的货物运输。
2. 包机运输可分为_____和_____两种。

二、单项选择题

1. (　　)是指航空公司按照约定的条件和费率,将整架飞机租给一个或若干个包机人,从一个或几个民航站装运货物至指定目的地。
   A. 班机运输　　B. 包机运输　　C. 包舱运输　　D. 集中托运

2. 以下货物中,(　　)可以采用集中托运。
   A. 贵重物品　　B. 活体动物　　C. 服装　　D. 文物

三、简答题

民航货物运输具有哪些特点?

任务二　民航运输相关法律公约及行业组织

学习目标

1. 了解各种民航运输的国际法律公约。
2. 熟悉各种民航运输的行业组织。

民航运输的执行者是提供民航运输服务的民航企业，这些企业在提供服务的同时，要严格按照行业的相关规章和制度来运营，并遵守相关的法律法规。整个民航业内成立了相关的组织机构并制定了相关的法律法规，用来规范整个行业的活动。

一、民航运输国际法律公约

（一）《芝加哥公约》

《芝加哥公约》全称为《国际民用航空公约》，于 1944 年 12 月 7 日在美国芝加哥签订，1947 年 4 月 4 日起生效，是当前世界各国广泛接受的国际公约之一。中国是《芝加哥公约》的缔约国，并于 1974 年 2 月 15 日恢复了《芝加哥公约》缔约国待遇，承认《芝加哥公约》并参加该组织的活动。

《芝加哥公约》是国际民航领域的一个宪章性文件，它对国际民航领域的基本问题做了规定。除序言外，分为空中航行、国际民用航空组织、国际航空运输和最后条款四个部分，以及有关国际标准和建议措施的十八个附件。它规定了五种空中自由权，具体如下：

（1）不降停而飞越其领土的权利。

（2）非商业性降停的权利，即只做技术性降停，如增加燃油、检修飞机等而不上下旅客、货物、邮件的权利。

（3）卸下来自民航器国籍领土的旅客、货物、邮件的权利。

（4）装上前往民航器国籍领土的旅客、货物、邮件的权利。

（5）装卸前往或来自任何其他任何缔约国领土的旅客、货物、邮件的权利。

上述五种空中自由权中的第三种和第四种自由权是两国民航的最基本权利，第五种自由权需经双方政府谈判并达成协议。

🔍 课堂练习

中国某航空公司的飞机从上海飞往华盛顿，但由于机型原因不能直接抵达，中途需要在韩国降落并加油，但不允许上下旅客和货物，此时需要获得哪种空中自由权？

（二）《华沙公约》

《华沙公约》全称为《统一国际航空运输某些规则的公约》，该公约于 1929 年 10 月 12 日于波兰华沙签订，于 1933 年 2 月 13 日生效。

《华沙公约》规定了运输凭证的法定形式、法定内容、法定效力、对违反规定的承运人实施的法律制裁，并体现了航空运输以合同为准则的基本原则。关于航空承运人损害赔偿责任，《华沙公约》规定了承运人承担损害赔偿责任的范围、一般原则及仲裁等事宜。

（三）蒙特利尔协议

1975 年，在蒙特利尔签订了第一、二、三、四号《关于修改〈统一国际航空运输某些规则的公约〉的附加议定书》，简称蒙特利尔第一、二、三、四号议定书，对《华沙公约》中规定的以法国法郎为标准货币单位的损害赔偿金最高限额做出了变更。根据以上议定书规定，《华沙公约》缔约国如为国际货币基金组织的成员国，或本国是可以使用特别提款权的国家，《华沙公约》中以法国法郎为货币单位规定的承运人损害赔偿金最高限额，均改为以国际货币基金组织特别提款权表示。

《蒙特利尔第四号议定书》做出的最重大改进是将客观责任原则适用于货物运输。该议定书规定：由灭失、遗失、损毁等原因导致的货物损害，只要损害事件发生于航空运输期间，除非承运人能够证明损害的发生是由于货物属性、品质、缺陷，承运人或其雇佣人、代理人以外的人包装货物的，货物包装不良，战争或武装冲突，政府有关部门实施的有关货物出境、入境、过境的行为所致，否则承运人应当承担损害赔偿责任。不适用客观责任的,如对因延误导致的货物损害,如果承运人能够证明为避免损害已采取了一切必要措施或不可能采取此种措施,承运人可不承担损害赔偿责任。

(四)《中华人民共和国民用航空法》

《中华人民共和国民用航空法》(以下简称《民航法》)由中华人民共和国第八届全国人民代表大会常务委员会第十六次会议于1995年10月30日通过,自1996年3月1日起施行。

在对航空货物运输的有关规定中,《民航法》吸收了《华沙公约》的主要精神,如国际航空运输的定义、承运人责任期间、收发货人的权利和义务、诉讼时效等,同时采纳了《海牙议定书》中的合理内容,删除了承运人的驾驶过失免责和延长索赔时效等规定。针对承运人对货物灭失或损坏的责任,《民航法》采取了更为严格的态度,即不以是否存在过失来判断承运人是否负责,而是采用了严格的责任制。

二、民航运输行业组织

(一)国际民用航空组织

国际民用航空组织(International Civil Aviation Organization,ICAO)是世界范围内管理航空运输活动的最重要的国家之间的国际性组织。其标识如图1-2所示:

图1-2 ICAO标识

1944年11月1日,共52个国家和地区的代表在美国芝加哥举行会议,并于12月7日签署了《国际民用航空公约》(又称为《芝加哥公约》)。根据该公约,国际民航组织于1947年4月正式成立,是负责具体实施该公约的常设机构。同年5月，该组织成为联合国所属的专门机构。

国际民用航空组织总部设在加拿大的蒙特利尔，在全球范围设有7个地区办事处，负责协调区域内有关航空问题，分别是西非和中非地区办事处（达卡）、亚洲和大洋洲地区办事处（曼谷）、欧洲和北大西洋地区办事处（巴黎）、中东地区办事处（开罗）、东非和南非地区办事处（内罗毕）、北美和加勒比地区办事处（墨西哥城）、南美地区办事处（利马）。

国际民用航空组织主要负责国际航空运输的技术、航行及法规建设等方面，它所通过的文件具有法律性，各成员都必须严格遵守。国际民用航空组织的宗旨和目的在于发展国际民用航空中航行的原则和技术，促进国际航空运输业的规划和发展，以实现下列目标：

（1）确保全世界国际民用航空安全和有序地发展。

（2）鼓励为和平用途的航空器的设计和操作技术。

（3）鼓励发展国际民用航空应用的航路、机场和航行设施。

（4）满足世界人民对安全、正常、有效和经济的航空运输的需要。

（5）防止因不合理的竞争而造成经济上的浪费。

（6）保证缔约成员的权利充分受到尊重，每一缔约国家和地区均有经营国际空运企业的公平的机会。

（7）避免缔约成员之间的差别待遇。

（8）促进国际航行的飞行安全。

（9）普遍促进国际民用航空在各方面的发展。

（二）国际航空运输协会

国际航空运输协会（International Air Transport，IATA）简称国际航协，是世界民航联合组织的非政府性的国际组织。其标识如图1-3所示：

图1-3 IATA标识

为了解决民用航空业迅速增长中所出现的问题，世界上58家较大的航空公司于1945年4月在哈瓦那发起成立国际航空运输协会，同年12月加拿大皇室批准了议会通过的关于建立国际航空运输协会的特别法案，国际航空运输协会正式成立。

国际航空运输协会总部设在加拿大蒙特利尔，在日内瓦设有总办事处和清算所，在伦敦和新加坡设有办事机构。协会还在安曼、雅典、曼谷、达卡、香港、雅加达、吉达、吉隆坡、内罗毕、纽约、波多黎各、里约热内卢、圣地亚哥、华沙和华盛顿设有地区办事处，处理相关事宜。

1978年国际航空运输特别大会决定，国际航空运输协会的活动主要分为行业协会活动和运价协调活动两大类。除此以外，国际航空运输协会还要承担其他种类的活动，如对航空公司进行培训，开展技术活动，对航空公司及其代理人（包括客票销售代理人和货运代理人）就银行结算计划提供计算机账目处理自动化技术（如BSP、CASS系统等），为航空公司协调班期时刻和机场间隙，以及多边联运业务协议等。

半个多世纪以来，国际航空运输协会在多个方面做出了重大贡献，包括推动地空通信、导航、航空器安全飞行等新技术；制定机场噪声、油料排放等环境政策；与国际民航组织密切联系，制定一系列国际公约；协助航空公司处理有关法律纠纷，筹建国际航空清算组织；推进行业自动化，促进交流；对发展中国家航空运输企业提供从技术咨询到人员培训的各种帮助；制定空运集装箱技术说明及航空货运服务有关规章；培养国际航协代理人等。另外，定期召开的国际航空运输协会会议还为会员提供了讨论航空运输规则、协调运价、统一单证、财务结算等问题的场所。

资料：

国际航空运输协会的组织机构

国际航空运输协会的最高权力机构是全体会议。全体会议由协会正式会员代表组成，每年召开一次。根据协会章程，执行委员会由全体会议选举产生，在协会章程条款规定的范围内行使协会的行政职能，以及全体会议决议随时授予的附加权利。执行委员会下设运输、财政、法律和技术四个专门委员会，委员会的组成人员由会员航空公司提名的专家组成，并经执委会和大会批准。

（三）国际货运代理协会联合会

国际货运代理协会联合会（International Federation of Freight Forwards Association，FIATA）是国际货运代理的行业组织。其标识如图1-4所示：

图1-4　FIATA标识

该协会于1926年5月31日在奥地利维也纳成立，总部设在瑞士苏黎世，创立的目的是解决日益发展的国际货运代理业务中产生的问题，保障国际货运代理在全球的利益，提高货运代理服务的质量。它是公认的国际货运代理的代表，是世界范围内运输领域中最大的非政府性和非营利性组织。

国际货运代理协会联合会有自己的章程，根据章程设立各级组织并开展活动。国际货运代理协会联合会每年举行一次世界性的代表大会，这一国际性的活动将运输界和货运代理紧密联合在一起，适时地引导货物运输的整体发展。大会除主要处理国际货运代理协会联合会内部事务外，还为国际货运代理界人士提供一个社交的场合及业务交流机会。

国际货运代理协会联合会的一般会员由国家货运代理协会或有关行业组织或在这个国家独立注册登记且为唯一的国际货运代理公司组成，另有为数众多的国际货运代理公司或其他私营企业作为其个体成员。其成员不局限于国际货运代理行业，还包括报关行、船舶代理、仓储、包装、卡车集中托运等运输企业。

（四）中国航空运输协会

中国航空运输协会（China Air Transport Association，CATA）是依据中国有关法律规定，经中华人民共和国民政部核准登记注册，以民用航空公司为主体，由企事业法人和社团法人自愿参加结成的行业性的、不以营利为目的的全国性社团法人。其标识如图1-5所示：

图1-5 CATA标识

该协会由国航、东航、南航、海航、上航、中国民用航空学院（2006年更名为中国民航大学）、厦航、深航、川航等九家单位发起，于2005年9月26日在北京成立。

中国航空运输协会的目标任务：围绕国家改革发展大局，围绕企业经营的热点、难点，围绕维护会员单位合法权益，积极推进各项相关工作，坚定地走自立、自主、自我发展的道路，以服务为本，把协会建设成中国航空运输企业之家、会员之家，以创新为源，把协会办成高效率、有信誉、具有国际影响的先进社团组织。其工作方针：以党和国家的民航政策为指导，以服务为主线，以会员单位为工作重点，积极、主动、扎实、有效地为会员单位服务，促经济效益，努力创造公平竞争、互利互惠、共同发展的健康和谐的航空运输环境。

资料：

对中国航空运输协会标识的解读

环绕的橄榄叶——国际化的象征，代表着和平与祥和，其枝繁叶茂预示着中国航空运输协会的不断发展和壮大。

中间的地球形象——象征中国民航飞向世界，是协会成员业务范围的体现。

飞机——协会特点的展现，向上起飞的飞机代表着中国航空运输协会发展腾飞的愿望。

蓝色的圆环——寓意协会为政府与企业以及会员单位之间搭建平台，成为连接各方的纽带。

9颗星——中华民族自古就有"以九为大，以九为多"之传承，在这里寓意中国航空运输协会将不断发展壮大，谱写璀璨篇章。

课后练习

一、填空题

1. 国际民用航空组织总部设在加拿大_____。

2. 1978年国际航空运输协会特别大会决定，国际航空运输协会的活动主要分为_____和_____两大类。

3. _____是国际货运代理的行业组织。

4. 《蒙特利尔第四号议定书》做出的最重大改进是将_____原则适用于货物运输。

二、单项选择题

1. 国际民用航空组织的英文缩写为（   ）。

   A. IATA   B. ICAO   C. FIATA   D. CATA

2. （   ）全称为《统一国际航空运输某些规则的公约》。

   A.《华沙公约》   B.《芝加哥公约》
   C.《危地马拉议定书》   D.《海牙议定书》

三、简答题

1. 简述国际民用航空组织的宗旨和目的。

2. 《芝加哥公约》规定了哪些空中自由权？

项目二 民航货物运输工具

任务一 民航货物运输飞机

学习目标

1. 掌握飞机的各种分类，能对常见机型进行准确分类。
2. 熟悉飞机的舱位结构，能描述飞机各个舱位的功能。

一、飞机的分类

目前民航货物运输的主力——大飞机的生产厂家都是国外的飞机制造商，如空客、波音等公司。目前，从事货物运输的飞机机型主要是空客系列、波音系列，如 A300F、B747-400F 等。

（一）按机身宽度划分

按机身宽度划分，飞机可分为窄体飞机和宽体飞机。

1. 窄体飞机

窄体飞机的机身宽约 3m，客舱旅客座位之间只有一条通道，下货舱一般只能装载散装货物，因此通常称之为"散货舱"，不能装运集装货物，可将货物直接装入飞机腹舱。常见的窄体飞机主要有以下几种：

空客系列：A318、A319、A320、A321。

提示：A320 可以装运集装货物，但它所能装运的集装箱是经过特别设计的，其最大高度为 117cm，而一般宽体飞机所能装运的集装箱最大高度为 163cm。

波音系列：B707、B717、B727、B737、B757。

2. 宽体飞机

宽体飞机的机身宽度不少于 4.72m，客舱内有两条通道，这类飞机可以装运集装货物和散货，下货舱主要装载集装货物，也称为"集装货舱"，大多数宽体飞机的下货舱也设置了散货舱。常见的宽体飞机主要有以下几种：

空客系列：A300、A310、A330、A340。

波音系列：B747、B767、B777。

（二）按用途划分

按用途划分，飞机可分为全客机、全货机和客货两用机。

1. 全客机

全客机的主舱和下舱用来载运旅客，下舱也可以装载货物和行李，如 B737-300。

2. 全货机

全货机的主舱和下舱只用于载运货物，不能载运旅客。其飞机代号后有字母"F"，如 B737-200F、B747-400F。全货机一般为宽体飞机，主舱可装载大型集装箱，目前全世界最大的全货机装载量达 250t，通常的商用大型全货机装载量在 100t 左右。

图 1-6　B747-400F 的货舱

资料：

南航 B777 新货机投运

2015年8月6日，南航第12架B777全货机正式投入商业运营，首个航班任务是执行广州—巴黎—维也纳—广州货运航班。南航已成为中国拥有B777货机最多的航空公司，货机机队在世界排名第三，加上即将重新投入运行的两架B747货机，南航目前的机队规模已达到14架。

继广东自贸区正式挂牌，南航加大力度打造广州货运枢纽，重点搭建起辐射珠三角经济区以及整个华南地区的中—欧、中—美空中快速货运走廊，借助2015年陆续引进的新运力，于6月20、21日相继开通广州—伦敦—法兰克福—广州和广州—巴黎—维也纳—广州货运航线。目前南航广州始发货运航线有6条，每周始发航班16班，南航在广州实现客班腹舱和货班的互补，将欧美货运服务由点到点逐步转向点到面、面到面发展。

南航在欧美的货机通航点达到8个，包括阿姆斯特丹、法兰克福、维也纳、巴黎、伦敦、洛杉矶、芝加哥、温哥华。加上客机腹舱运力，每周广州至欧洲的货运舱位可达1200多吨。通过与地面代理、卡车公司、外航的合作，南航构建了以上述5个欧洲货机通航点为中心的交叉轮辐式转运网络，可将货物转运至欧洲的100多个城市，在中欧之间实现了货邮的"当日达"和"次日达"。同时，还提供整板提货、整板转运、送货上门、整车快运等增值服务，以及为危险物品、鲜活温控产品等特殊货物提供个性化运输方案，可为珠三角地区中小型货运代理提供货运直达航线和落地之后的配套服务。

南航现拥有12架B777全货机，在广州、上海两个货运枢纽各运营6架。国内各地的货源可以通过南航密集的客机腹舱网络中转到广州，进而转运至欧美。

3. 客货两用机

客货两用机不仅下舱装载货物，而且其主舱也分为两个部分：前部设有旅客座位，用于载运旅客；后部用于装载货物。客货两用机一般称为COMBI，其飞机代号后有字母"M"，如B747M。

提示：有时航空公司根据运输需要，可以将一架飞机客舱内的旅客座椅进行快速拆卸或者快速安装，使之由一架客机快速转换成一架货机，或由一架货机快速转换成一架客机。我们经常在一些机型资料中看到的"QC"（Quick Change）就是指客货快速转换机型，如 B737-300QC。

（三）按载货类型划分

按载货类型划分，可分为散货型飞机和集装型飞机。

1. 散货型飞机

散货型飞机是指不能装载集装货物（集装箱或集装板）的飞机。窄体飞机的下货舱属非集装货舱，因此该类机型大部分属散货型飞机。

2. 集装型飞机

集装型飞机是指可装载集装货物的飞机，全货机和宽体飞机均属集装型飞机。

二、飞机的舱位结构

（一）主舱和下舱

从飞机内部结构看，飞机主要分为两种舱位：主舱和下舱。但 B747 分为三种舱位：上舱、主舱和下舱，如图 1-7 所示。

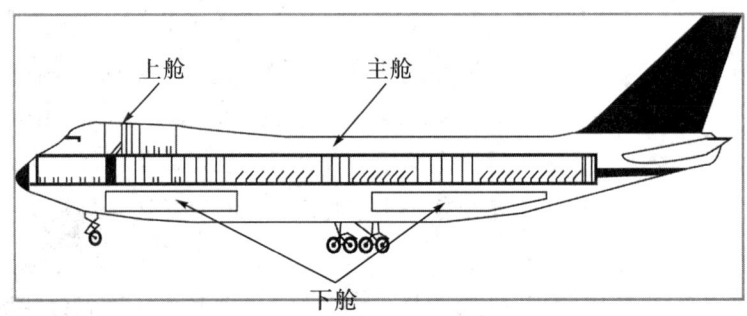

图 1-7　B747 舱位结构

1. 主舱

全客机的主舱主要设置有旅客座位、行李架、储藏室等；全货机的主舱全部用于装载货物；客货两用机的主舱前半部分为客舱区，后半部分安排有集装货舱，可以装载集装货物（如图 1-8 所示）。

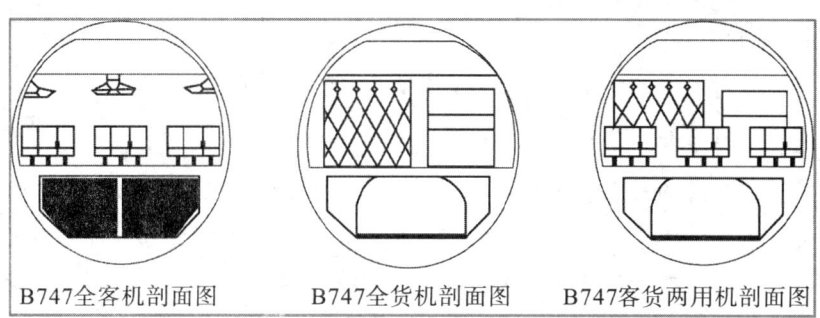

图 1-8　B747 全客机、全货机和客货两用机剖面图

2. 下舱

窄体飞机的下舱都是散装舱，因此只能装载散装货物、行李和邮件。宽体飞机的下舱分为前舱、后舱和尾舱，前舱和后舱均有集装设备卡锁设施，因此可以装载集装箱和集装板货物，装载布局视各机型出厂时的卡锁设施而定；尾舱则只能装载散装货物、行李和邮件。

(二) 货舱和分货舱

货舱一般位于飞机的下腹部，有前下货舱和后下货舱，通常情况下被分成若干个分货舱。分货舱一般是用永久性的固体舱壁或可移动的软网隔离而成。用固体舱壁隔离的货舱是不允许超过界限的，而用可移动的软网隔离的货舱可以装载超过分货舱容积的货物。

三、飞机的载重限制

(1) 最大起飞重量＝修正后的基本重量＋起飞油量＋最大可用业载。

(2) 最大着陆重量＝修正后的基本重量＋备用油量＋最大可用业载。

(3) 最大无油重量＝修正后的基本重量＋最大可用业载。

(4) 最大可用业载 1＝最大起飞重量－修正后的基本重量－起飞油量。

(5) 最大可用业载 2＝最大着陆重量－修正后的基本重量－备用油量。

(6) 最大可用业载 3＝最大无油重量－修正后的基本重量。

资料：

如何防止货物在货舱中移动

在飞行过程中，如果货舱内的货物发生位移，很容易损坏飞机，并且危及货物本身的安全。例如，尖锐的货物可能刺破舱壁，碰到油箱、电气的关键部位、供水设备或其他货物。此外，由于货物在机舱内未被固定好而四处移动，飞机的重心就无法固定，很有可能落到安全区之外。因此，将货物固定在机舱内，防止其移动是很有必要的。固体舱壁和隔离网都是防止货物在飞行中移动的限制系统的组成部分。另外，还可以采用其他的防护设备避免货物移动，如网、锚链、带子、绳子等。

课后练习

一、填空题

1. 按机身宽度划分，飞机可分为_____和_____。
2. 全货机的主舱全部用于装载_____。
3. 宽体飞机的主下舱主要是装载集装货物，因此也称为_____。
4. 货舱一般位于飞机的下腹部，通常被分成若干个_____。

二、单项选择题

1. B747M 属于（   ）。
   A. 全客机　　B. 全货机　　C. 客货两用机　　D. 客货互换飞机
2. 以下机型中，（   ）大部分属散货型飞机。
   A. 全客机　　B. 全货机　　C. 宽体飞机　　D. 窄体飞机
3. 窄体飞机的下舱不可用于装载（   ）。
   A. 散装货物　　B. 行李　　C. 邮件　　D. 集装货物

三、实践题

收集各种窄体飞机和宽体飞机的图片，并在课堂上以PPT的形式进行展示。

任务二　民航货物运输集装器

学习目标

1. 了解集装器的分类，并能对集装器进行准确分类。
2. 熟悉集装器识别代码和集装器的装载限制。
3. 能准确描述集装器代码所表示的含义。

为了更好地处理大体积、大批量的货物运输，可将货物装入集装器（集装箱/板）内进行整装整卸。集装器的底部与飞机货舱地板上的卡锁装置相接触，可使集装器平稳地进入货舱并牢固地固定在机舱内。使用集装器能够很好地利用飞机货舱内的空间，既可节省装载时间，又可保证货物安全。

一、集装器的分类

（一）按注册与否划分

按注册与否划分，集装器可分为注册的集装器和非注册的集装器。

1. 注册的集装器

注册的集装器是指国家政府有关部门授权集装器生产厂家生产的适宜飞机安全载运的，在其使用过程中不会对飞机的内部结构造成损害的集装器。此类集装器被认为是飞机可装卸的货舱，能起到保护飞机设备和构造的作用。

2. 非注册的集装器

非注册的集装器是指未经有关部门授权生产的，未取得航空器适航证书的集装器。非注册的集装器不能看作飞机的一部分，因为其形状不完全符合飞机机舱的构造和轮廓，但可适应地面操作环境。此类集装器只能用于指定机型以及指定的货舱，禁止用于飞机主舱，当货舱内放入此类集装器时，必须固定好。

提示：航空器适航证书是由适航当局根据民用航空器产品和零件合格

审定的规定,对民用航空器颁发的证明该航空器处于安全可用状态的证件。

(二)按种类划分

按种类划分,集装器可分为集装板、集装箱和集装棚。

1. 集装板

集装板是根据机型要求制造的一块有平整底板的台板,厚度一般不超过1in(1in=2.54cm)(如图1-9所示)。货物在地面被预先放上集装板后,用网罩或集装棚盖住,然后装机,并固定在飞机的货舱地板上。在转运货物时,通常用集装板拖车拖带集装板。集装板拖车下面有轮子,便于拖带;上面有滚轴,便于装卸;四边有卡锁轨或网袋卡眼,便于固定、捆扎货物。

图1-9 集装板

2. 集装箱

集装箱可以与飞机上的装卸和固定系统直接结合,而不需要任何附属设备。集装箱的坚固程度足以保证所装卸货物的安全,防止飞机受到损坏,其底座与集装板相似。运输集装箱的货舱四壁及顶部不需要特别坚固,但这种货舱不适用于散货或非标准集装箱的运输。

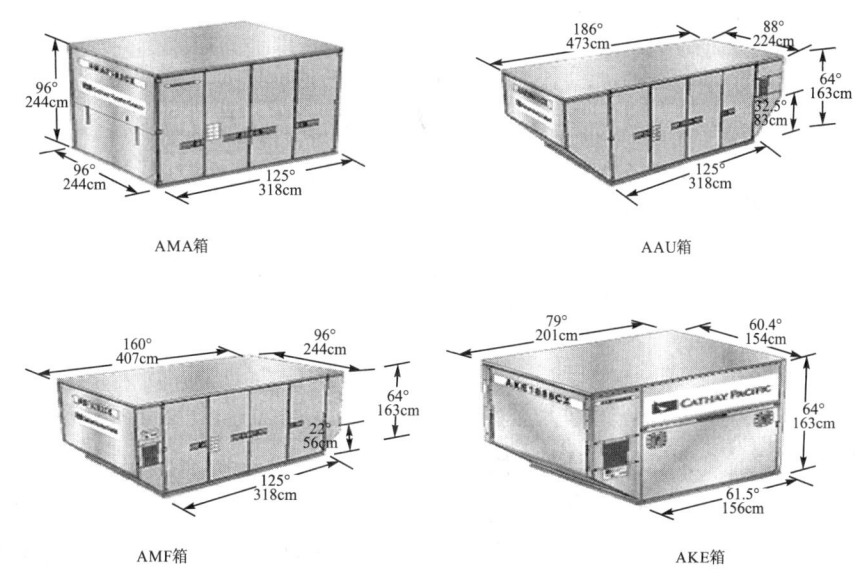

图 1-10 集装箱

3. 集装棚

非结构性集装棚是由玻璃纤维及其他适合的材料制成的坚硬外壳。集装棚的前面敞开、无底，其斜面与飞机货舱的轮廓相适应，正好罩住整个集装板。这个外壳与飞机的集装板和网套一起使用，称为非结构性集装棚；当这个硬壳从结构上与集装板一起形成一个整体，而不需要用固定网套固定货物时，则称为结构性集装棚。

（三）按结构划分

按结构划分，集装器可分为部件组合集装器和整体结构集装器。

1. 部件组合集装器

部件组合集装器包括集装板加网套和集装板、网套加非结构性集装棚。

（1）集装板加网套：集装板是带有中间夹层的硬铝合金制成的平板，以便货物在其上码放；网罩用来把货物固定在集装板上，靠专门的卡锁装置来固定。

（2）集装板、网套加非结构性集装棚：除了集装板和网套之外，增加了一个非结构性的拱形盖板（可用轻金属制成）罩在货物和网套之间。

2. 整体结构集装器

整体结构集装器包括下舱货物集装器、主舱货物集装器和结构拱形集装器。其中下舱货物集装器只能放在宽体客机下部集装货舱内，有全型和半型两种，高度不得超过 163cm；主舱货物集装器只能放在货机或客货两用机的主货舱内，高度在 163cm 以上。

二、集装器识别代码

我们在集装器的面板及四周，通常可以看到 AVE50010FM、PAP22330CA 等代码，这是根据集装器类型、尺寸、外形与飞机匹配等因素编制而成的集装器识别代码。集装器在投入使用前，必须在国际航协进行代码注册。集装箱的识别代码一般标识在集装箱的两个侧面，集装板的识别代码一般标识在四个角的边框上。按照国际航协规定，集装器的识别代码由三个部分组成。

（一）第一部分

第一部分是集装器三字代码，由三个英文字母组成。其中，第一个字母表示集装器的类型（见表 1-1），第二个字母表示集装器的底板尺寸（见表 1-2），第三个字母表示集装器的顶部外形或适配性（见表 1-3）。

表 1-1 集装器型号（英文/中文）

字母代码	集装器英文型号	集装器中文型号
A+	Certified Aircraft Container	适航审定的集装箱/有证书集装箱
D+	Non-certified Aircraft Container	非适航审定的集装箱/无证书集装箱
F	Non-certified Aircraft Pallet	非适航审定的集装板
G	Non-certified Aircraft Pallet Net	非适航审定的集装板网套
J	Thermal Non-structural Container	非适航审定的结构保温集装箱
M	Thermal Non-certified Aircraft Container	非适航审定的保温集装箱
N	Certified Aircraft Pallet Net	适航审定的集装板网套
P	Certified Aircraft Pallet	适航审定的集装板/有证书集装板
R	Thermal Certified Aircraft Container	适航审定的保温集装箱/有热制造证书集装箱

续表1-1

字母代码	集装器英文型号	集装器中文型号
U+	Non-structural Igloo	非结构性集装棚
*H	Horse Stall	马厩
*K	Cattle Stall	牛栏
*V	Automobile Transport Equipment	汽车运输设备
*XYZ	Reserved for Airline Use	为航空公司备用

注："+"表示此类集装器不包括保温集装箱;"*"表示此类集装器为特种集装器。

表1-2 集装器底板尺寸代码

字母代码	底板尺寸	字母代码	底板尺寸
A	2235mm×3175mm 88in×125in	L	1534mm×3175mm 60.4in×125in
B	2235mm×2743mm 88in×108in	M	2438mm×3175mm 96in×125in
E	2235mm×1346mm 88in×53in	N	1562mm×2438mm 61.5in×96in
F	1198mm×1534mm 47in×60.4in	P	1198mm×1534mm 47in×60.4in
G	2438mm×60585mm 96in×238.5in	Q	1534mm×2438mm 60.4in×96in
H	2438mm×91255mm 96in×359.25in	X	最大尺寸为2438mm~3175mm
V	2438mm×12192mm 96in×480in	Y	最大尺寸小于2438mm
K	1534mm×1562mm 60.4in×61.5in	Z	最大尺寸大于3175mm

表1-3 集装器顶部外形或适配性代码

字母代码	含义	字母代码	含义
E	适用于B747、A310、DC10、B707等下货舱无叉眼装置的半型集装箱	N	适用于B474、A310、DC10等下货舱有叉眼装置的半型集装箱
A	适用于G747上舱集装箱	F	适用于B747COMB主舱及B747、DC10、A310下舱的集装箱

(二) 第二部分

第二部分数字是集装器编号,表示该集装器的具体编号(集装器所属

空运企业自行编的序号），由4位或5位阿拉伯数字组成。

（三）第三部分

第三部分表示集装器的所有人或注册人，通常是航空公司的二字代码。

课堂练习

货物入仓后，确认其重量和体积信息：纸箱包装，20箱，每箱30kg，每箱体积为55cm×45cm×40cm。目前，该货物已打板，集装箱外标识有"AKE4055CZ"，请说明该代码的含义。

三、集装器的装载限制

（一）最大承重限制

集装器的结构及材料决定了集装器所装货物的最大重量。超过最大承重限制的货物不但会损坏集装器的结构，更有可能对机身造成破坏，进而影响飞行安全。表1-4为几种集装板的最大承重限制。

表1-4 几种集装板的最大承重限制

代码	底板尺寸	最大载量（kg）
P1	88in×125in	6804
P2	88in×108in	4536
P3	79in×88in/92in	1588
P4	96in×196in	9300
P5	88in×53in	1134
P6	96in×125in	6804

提示：尽管各个航空公司都根据正常的装载可能性来规定每个集装箱或集装板的最大允许载量，但是这个重量都要低于上表所示重量。如果承运人发现某个集装箱或集装板超过了最大承重限制，必须尽快处理，使其重量降至标准以下，任何时候都不得超过最大承重限制。

（二）体积和尺寸限制

对于集装箱来说，其内部所装货物的体积限制是固定的，我们应该把重点放在如何为集装板制定体积限制。一个集装板的底座适合几种机型的货舱使用，但是集装板上所装货物的形状要与所承运的飞机货舱内部形状相适应。为了控制集装板上所装货物的体积和形状，可以使用一个与飞机货舱横截面的轮廓一样大小的模型架来限制板上所装货物。用这种方法打板，既不会超过尺寸，又正好能够装入指定的飞机货舱。

（三）集装器底板承受力限制

集装器底板单位面积所能承受的压力是由该设备的类型决定的。符合标准的一般集装板和集装箱的底板承受力为 $1464kg/m^2$，20in 集装板底板承受力为 $1953kg/m^2$。装载时，单位面积的压力不得超过该限额。如果一件比较重大的货物对集装器底板产生的压力大于最大承受力，应为此件货物加上垫板，使其重量分散在较大面积的集装器底板上。

课堂练习

一件货物毛重为170kg，底部面积为 $0.4m \times 0.5m$，货物不可倒置。该货物能否直接装入符合标准的一般集装板上？

（四）货物种类的限制

有些货物不能装在集装器内运输，如危险物品、部分活体动物。活体动物中的热血动物和某些冷血动物运输需要氧气，而集装棚或完全封闭的集装箱不能满足这一要求，所以这些活体动物不能用集装箱运输。某些不需要额外氧气供应的冷血动物（如热带鱼）可以用集装箱运输。

资料：

如何防止集装器在货舱中移动

当民航运输中使用集装器装运货物时，货舱被再次划分为若干个货位，在这些货位上放置集装箱或集装板。这些货位之间并未采用隔板真正地把它们隔开，能放集装器的飞机货舱地板一般均设置有万向球台（滚床）、滚轴及叉眼装置，集装器的底部直接与这些装置相接触，可使集装器平稳地进入货舱并牢固地固定在机舱内。此时既可以用机械搬运，也可以通过人工将集装器放在货舱内的指定位置。当集装器被装载至指定位置之后，就要通过货舱地板上的限制系统将其锁定，以防止其在飞行中发生位移。

课后练习

一、填空题

1. 非结构性集装棚是由_____及其他适合的材料制成的坚硬外壳。

2. 集装器识别代码的第三部分表示集装器的所有人或注册人,通常是航空公司的_____。

二、单项选择题

1. ( ) 被认为是飞机可装卸的货舱,能起到保护飞机设备和构造的作用。

A. 注册的集装器　　　　　　B. 非注册的集装器
C. 集装板　　　　　　　　　D. 集装箱

2. 集装器在投入使用前,必须在( )进行代码注册。

A. 国际民用民航组织　　　　B. 国际航协
C. 国际民航电信协会　　　　D. 国际货运代理协会联合会

3. 集装器识别代码中的第二个字母表示集装器的( )。

A. 底板尺寸　　B. 类型　　C. 顶部外形　　D. 适配性

4. 某集装器识别代码的第一个字母是"F",则表示该集装器的类型是( )。

A. 适航审定的集装箱　　　　B. 非适航审定的集装箱
C. 适航审定的集装板网套　　D. 非适航审定的集装板

三、简答题

集装器的装载限制包括哪些方面?

模块二　民航货物运输流程

项目一　民航货物收运

任务一　国内外民航货物收运的规定与限制

学习目标

1. 了解国内外民航货物收运的一般规定。
2. 掌握国内外民航货物收运的各种限制。
3. 能根据常见机型的重量、尺寸初步判断货物能否收运。
4. 能快速、准确地计算机舱地板承受力，并根据适用机型的机舱地板最大承受力判断货物能否直接装舱；若不可以，应会计算所加垫板的最小面积。

一、国内外民航货物收运的一般规定

（一）国内民航货物收运的一般规定

（1）承运人应根据运输能力、货物的性质和急缓程度，有计划地收运货物。

(2) 对于有特定条件及时限要求和大批量的联程货物，承运人必须预先安排好联程中转舱位后才能收运。

(3) 当出现一些特殊情况，如政府法令、自然灾害或者货物不能及时运输出港造成积压时，承运人有权暂停货物的收运。

(4) 凡是国家法律法规和有关规定禁止运输的货物，承运人可以拒绝收运。凡是限制运输的以及需要向公安、检疫等政府有关部门办理手续的货物，承运人应当要求托运人提供有效证明。

(5) 对收运的货物应当进行安全检查。对收运后需24小时内装机运输的货物，一律实行人工检查或者使用安检仪器检测。

(二) 国际民航货物收运的一般规定

(1) 托运人应当提供必需的资料和文件，以便在货物交付收货人以前完成海关、行政法规规定的有关手续。

(2) 托运人应当自行办理海关手续。托运人托运我国政府有关部门以及有关国家法律、行政法规和其他有关规定限制运输的货物，应当随附有效证件。

(3) 危险物品、动物、灵柩、骨灰、贵重物品、机械、军械、外交信袋、鲜活易腐货物、成批或者超大件货物以及公务货物，应当由托运人通知收货人在到达站机场等候提取。

二、国内外民航货物收运的限制

(一) 国内民航货物收运的限制

1. 重量限制

宽体飞机载运的货物，每件货物重量一般不超过250kg；非宽体飞机载运的货物，每件货物重量一般不超过80kg。

2. 体积限制

宽体飞机载运的货物，每件货物体积一般不超过100cm×100cm×140cm；非宽体飞机载运的货物，每件货物体积一般不超过40cm×60cm×100cm。单件货物的尺寸超过规定的标准尺寸时，可视具体运输机型的货舱门大小来确定是否收运，具体操作时可通过查阅IATA货物运输资料中的机型装载表进行确认。如果货物的高度和宽度在舱门尺寸限制以内，则货物可以收运；若高或宽任意一边超过舱门最大尺寸，可视货物能否任意放置来决定是否装运。表2-1为A320-200飞机装载表，根据高宽可推出货物的长度。

表2-1 A320-200飞机装载表（单位：cm）

高	宽								
	10	20	30	40	50	60	70	80	85
10	282	267	244	255	205	186	165	148	141
20	282	262	243	225	205	186	165	148	141
30	282	261	243	225	205	186	165	148	141
40	282	261	243	225	205	186	165	148	141
50	279	261	243	225	205	186	165	148	141
60	279	261	243	225	205	186	165	148	141
65	279	261	243	225	205	186	165	148	141

【例2-1】一件货物的尺寸为180cm×70cm×60cm（长×宽×高），该货物能否采用A320-200飞机运输？

【解】由表2-1可知，A320-200飞机舱门允许装载的货物最长为165cm，由于该货物实际长180cm，所以不能采用该机型运输。

此外，除新闻稿件外，货物的三边尺寸之和不能小于40cm，最小一边不能小于5cm，不符合该规定的小件货物应加大包装后才可收运。

提示：量取货物的尺寸时，无论货物是规则的还是不规则的几何体，均应量最长、最宽、最高处，单位为cm。

3. 机舱地板承受力限制

飞机货舱内每平方米的地板只能承受一定的重量。例如，波音系列飞机下货舱散舱地板最大承受力为$732kg/m^2$，下货舱集装箱货舱地板最大承受力为$976kg/m^2$。如果超过此承受力，地板和飞机结构就会遭到破坏。因此，装载货物时一定不能超过机舱地板承受力。

(1) 地板承受力计算。

机舱地板承受力的计算公式如下：

地板承受力（kg/m²）＝货物重量÷货物底部与机舱的接触面积

提示：有些货物有承重木，即在底部两边或四角装有木条或枕木，这种货物的重量是通过承重木压在机舱地板上，因此在计算机舱地板承受力时，应根据承重木底部面积的大小求得。如装货时无特殊要求，则可以通过不同方式的摆放来最大可能地增大货物底部与机舱的接触面积。

(2) 垫板面积计算。

当货物重量过大时，为了减少货物对机舱的压力，可以加一个 2~5cm 厚的垫板，以增加与地板接触面积，使机舱地板单位压力减小。最小垫板面积的计算公式如下：

最小垫板面积（m²）＝货物重量÷适用机型的机舱地板最大承受力

提示：垫板应当是粗长的木材、特制的铝垫条或钢垫条，一般的木材和三夹板只能用来垫托 500kg 以下的货物。

【例 2-2】一件货物重量为 140kg，不可以倒置、侧放，包装尺寸为 40cm×30cm×60cm（长×宽×高）。该货物能否直接装入 A320 飞机下货舱？如果不能，应如何处理？

【解】A320 飞机下货舱地板最大承受力为 732kg/m²。该货物装机后，机舱地板承受力为：140÷(0.4×0.3)≈1167（kg/m²），大于 732kg/m²。因此，该货物不能直接装入 A320 飞机下货舱。

此时，可以加一块垫板，所加垫板最小面积为：140÷732≈0.20m²。因此，需要至少加一块 0.20m² 的垫板才可运输。

4. 价值限制

中国民用航空局规定，国内民航货物运输中，每票货物（一份民航货运单，下同）的声明价值不得超过 50 万元人民币，每趟航班所承运货物的声明价值总额不得超过 1000 万元人民币。

(二) 国际民航货物收运的限制

1. 价值限制

国际民航货物运输中，每票货物的声明价值不得超过 10 万美元；未办理声明价值的,按照毛重每千克 17 个计算单位(即特别提款权 SDR,约等于 20 美元)计算价值。超过该价值限制,则需要填写多份民航货运单,由此产生的民航货运单工本费用由托运人承担。在使用客货两用机运输时,国际运输每次班机载运货物总价值不能超过 100 万美元,货机每次班机载运货物总价值不能超过 5000 万美元。

2. 运费付款要求

货物的运费可以预付(由托运人付款),也可以到付(由收货人付款),但须注意以下几点:

(1)货物的民航货物运费和声明价值附加费,必须全部预付或全部到付。

(2)在运输始发站发生的其他费用,必须全部预付或全部到付;在运输途中发生的费用应到付,但某些费用(如政府所规定的固定费用和机场当局的一些税收)如始发站知道时,也可以预付;在目的站发生的其他费用只能全部到付。

(3)托运人可用人民币现金或国内银行支票向承运人或其代理人支付运费,但不能使用旅费证或预付票款通知单支付。

资料:

哪些民航货物运输不能办理运费到付

托运人在托运货物时,对于以下货物是不能办理运费到付的:无价样品(如果托运人要求办理有价样品运费到付,必须出具书面证明,保证如果收货人拒付时,一切费用由托运人负担);鲜活易腐货物;活体动物;报纸及其他印刷品;新闻图片、影片和电视片;灵柩、骨灰;礼品;酒精、饮料、食品;私人用品及家具(无价值的);本身商业价值低于运输费用的货物;收货人地址为旅馆、机场等临时性地址的货物;收货人为政府代理机构的货物;托运人和收货人为同一人的货物。

三、收运民航货物前的准备工作

收运民航货物时,承运人或代理人应查验托运人的有效身份证件。为了保证民航货物运输安全,货物收运前,收运人员还须做好以下准备工作。

(一)货物检查

(1)收运的货物及所需资料符合始发、中转和到达国家的法令、法规及航空公司运输规章,具体参阅最新版本的 TACT(空运货物运价表)。

(2)收运人员须对托运人所托运的货物按所在国家安全检查部门的相关规定进行安全检查,确保其托运的货物不属于禁止运输的物品范围,防止托运人匿报、瞒报,造成违规运输货物。必要时,应请托运人提供政府有关部门出具的有效证明文件。

(3)对于性质不明的物品或疑似危险物品,收运人员须要求托运人提供由所在国家认可的危险物品鉴定机构或生产厂家出具的检测报告,证明此货物不会对民航运输造成危险,方可收运。对于无法提供检测报告的货物或检测报告不符合要求的,收运人员有权拒绝收运。

(4)已经办妥货物安全检查手续,装机前托运人临时从仓库中提出的货物,应将货物安检标签作废,货物必须重新办理安全检查手续后方能继续运输。

(二)清点货物件数

收运人员应仔细清点货物件数,并确认接收的件数与运输文件中列明的件数相同。如果几个包装件合并成一个组合包装件作为一件货物时,须保证在运输过程中各单独的包装件不会分离。

(三)货物计重

收运货物时,必须准确计重,货物重量计算单位为 kg,计重的结果精确到 0.1kg。如果货物的重量超过当地收运部门所能称取的最大重量极限,托运人必须提供当地有认证资格的计量部门出具的计量证明。对于贵重物品,收运人员应仔细核查,必要时必须单件计重,总重量以单件重量之和为准。

（四）准备运输文件

托运人在托运货物时应填写货物托运书和民航货运单，托运人对所填写的货物托运书和民航货运单的正确性和完整性负责。此外，托运人还必须提供与运输有关的其他文件。如：

（1）托运危险物品时，应提供托运人危险物品申报单及相关文件。

（2）托运活体动物时，应提供活体动物运输托运证明书及相关文件。

（3）货物明细单。

（4）在 IATA TC3 与 IATA TC1 和 IATA TC2（东欧部分国家）之间托运指定商品时，应提供商业发票。

（5）集运货物清单。

（6）进出口和过境所需的文件。

课堂练习

比较国际民航货物收运与国内民航货物收运的异同。

四、海关和检验检疫部门有关进出口民航货物的规定

（一）海关关于进出口民航货物的规定

（1）进出口民航货物自入境起到办结海关手续止，出口民航货物自向海关申报起到出境止，过境、转运和通运民航货物自入境起到出境止，应当接受海关监督。

（2）进口民航货物的收货人、出口民航货物的发货人应当向海关如实申报，交验进出口许可证和有关单证。国家限制进出口的货物，没有进出口许可证的，不予放行，具体处理办法由国务院规定。

（3）进出口民航货物应当接受海关查验。海关查验民航货物时，进口民航货物的收货人，出口民航货物的发货人应当到场，并负责搬移货物、开拆和重封货物的包装。海关认为有必要时，可以进行开验、复验或者提货取样。

（4）除海关特准外，进出口民航货物在收发货人缴清税款或者提供担保后，由海关签印放行。

（5）进口民航货物的收货人自运输工具申报入境之日起超过三个月未向海关申报的，其进口民航货物由海关提取依法变卖处理。所得价款在扣除运输、装卸、储存等费用和税款后，尚有余款的，自货物变卖之日起一年内，经收货人申请，予以发还；逾期无人申请的，上缴国库。

确属误卸或者漏卸的入境货物，经海关审定，由原运输工具负责人或者货物的收货人自该运输工具卸货之日起三个月内，办理退运或进口手续；必要时，经海关批准，可以延期三个月。

（6）进口民航货物应当由收货人在货物的入境地海关办理海关手续，出口民航货物应当由发货人在货物的出境地海关办理海关手续。

（7）过境、转运和通运民航货物，运输工具负责人应当向入境地海关如实申报，并应当在规定期限内运输出境。海关认为有必要时，可以查验过境、转运和通运民航货物。

（8）海关监督民航货物，未经海关许可，任何单位和个人不得开拆、提取、交付、发运、调换、改装、抵押、转让或者更换标记。

海关加施的封志，任何个人不得擅自开启或者毁损。海关监督民航货物的仓库、场所的经理人应当按照海关规定，办理收存、交付手续。在海关监督区外存放海关监督货物，应当经海关同意，并接受海关监督。

资料：

携大额现金登机须向海关申报

2015年12月23日，青岛机场一名俄籍旅客乘坐飞机前往仁川前，被安检员查出携带21万新版美元。安检员告知旅客这种情况属于携带超量现金出境，并立即通知值班人员前来处理，按照规定进行违禁物品登记。安检员在对该外籍旅客的随身行李和人身复查后经上报值班领导批准，将其移交机场海关处理。

《中华人民共和国海关总署公告2007年第72号》规定，旅客携带人民币进出境，应当按照规定向海关如实申报。中国公民进出境，外国人进出境，每人每次携带的人民币限额为20000元。携带上述限额内的人民币进出境，无须向海关申报；超出限额的，应向海关申报。不按规定申报的，根据《海关行政处罚实施条例》有关规定予以处罚。

同时要注意的是，按照海关总署有关规定，入境人员携带外币现钞入境，超过等值 5000 美元的应当向海关书面申报，出境人员携带不超过等值 5000 美元（含 5000 美元）的外币现钞出境的，无须申领携带证，海关予以放行；出境人员携带外币现钞金额在等值 5000～10000 美元（含 10000 美元）的，应向外汇指定银行申领携带证，海关凭加盖外汇指定银行印章的携带证验放。出境人员原则上不得携带超过等值 10000 美元的外币现钞出境，对属于下列特殊情况之一的，出境人员可以向外汇局申领携带证：人数较多的出境团组；出境时间较长或旅途较长的科学考察团组；政府领导人出访；出境人员赴战乱、外汇管制严格、金融条件差或金融动乱的国家；其他特殊情况。

因此，民航旅客不管是携带人民币还是外汇出入境，都要严格遵守相关规定。携带货币超过 20000 元人民币或 5000 美元时，旅客须自觉向海关申报。

（二）检验检疫部门关于进出口民航货物的规定

（1）下列各种民航货物，依照《进出境动植物检疫法》的规定进行检疫。

①入境、出境、过境的动植物、动植物产品和其他检疫物。

②装载动植物、动植物产品和其他检疫物的装载容器、包装物、铺垫材料。

③来自动植物疫区的运输工具。

④入境拆解的废旧船舶。

⑤有关法律、行政法规、国际条约规定或者贸易合同约定应当实施进出境动植物检疫的其他货物、物品。

（2）符合下列条件的，方可办理入境检疫审批手续。

①输出国家和地区无重大动植物疫情。

②符合中国有关动植物检疫法律、法规、规章的规定。

③符合中国与输出国家或者地区签订的有关双边检疫协定（含检疫协议、备忘录等）。

（3）办理入境检疫审批手续后，有下列情况之一的，货主、物主或者其代理人应当重新申请办理检疫审批手续。

①变更入境物的品种或者数量。

②变更输出国家或者地区。

③变更入境口岸。

④超过检疫审批有效期。

(4) 输出动物,出境前需经隔离检疫的,在口岸动植物检疫机关指定的隔离场所检疫。输出植物、动物产品和其他检疫物的,在仓库对货物实施检疫;根据需要,也可以在生产、加工过程中进行检疫。

(5) 输出动植物、动植物产品和其他检疫物的检疫依据。

①输入国家或者地区和中国有关的动植物检疫规定。

②双边检疫协定。

③贸易合同中订明的检疫要求。

(6) 运输动植物、动植物产品和其他检疫物过境(含转运)的,承运人或者押运人应当持货运单和输出国家或者地区政府动植物检疫机关出具的证书,向入境口岸动植物检疫机关报检;运输动物过境的,还应当同时提交国家动物检疫局签发的动物过境许可证。

(7) 过境动物运达过境口岸时,由过境口岸动植物检疫机关对运输工具、容器的外表进行消毒并对动物进行临床检疫,经检疫合格的,准予过境。入境口岸动植物检疫机关可以派检疫人员监运至出境口岸,出境口岸动植物检疫机关不再检疫。

(8) 装载过境动植物、动植物产品和其他检疫物的运输工具和包装物、装载容器必须完好。经口岸动植物检疫机关检查,发现运输工具或者包装物、装载容器有可能造成途中散漏的,承运人或者押运人应当按照口岸动植物检疫机关的要求,采取密封措施;无法采取密封措施的,不准过境。

提示:这里只对国际民航货物进出境联检手续中的海关和检验检疫内容进行了简单介绍,可阅读《中华人民共和国海关法》和《中华人民共和国进出境动植物检疫法实施条例》,进一步深入学习。

课后练习

一、填空题

1. 宽体飞机载运的货物,每件货物重量一般不超过_____kg;

非宽体飞机载运的货物，每件货物重量一般不超过_____kg。

2. 宽体飞机载运的货物，每件货物体积一般不超过_____；非宽体飞机载运的货物，每件货物体积一般不超过_____。

3. 中国民用航空局规定，国内民航货物运输中，每票货物的声明价值不得超过_____万元人民币；国际货物运输中，每票货物的声明价值不得超过_____万美元。

二、选择题

1. 在使用客货两用机运输时，国际运输每次班机载运货物总价值不能超过（　　）万美元，货机每次班机载运货物总价值不能超过（　　）万美元。

　　A. 50　5000　　B. 100　5000　　C. 50　500　　D. 100　500

2. 进口民航货物的收货人自运输工具申报入境之日起超过（　　）未向海关申报的，其进口民航货物由海关提取依法变卖处理。

　　A. 一个月　　B. 两个月　　C. 三个月　　D. 半年

三、简答题

1. 简述国内外民航货物收运的一般规定。

2. 在民航货物运输中，收运民航货物前应做好哪些准备工作？

四、计算题

一件货物重量为1000kg，体积为150cm×80cm×50cm（长×宽×高），该货物不可倒置和侧放，需要装载在B747飞机下货舱集装货舱内（地板承受力为976kg/m^2）。请问：此件货物是否需要垫板？若需要，垫板面积应不少于多少？

任务二 填制民航货物托运书与民航货运单

学习目标

1. 理解国内外民航货物托运书的填写要求与填写规范，会填写国内外民航货物托运书。

2. 了解国内外民航货运单的组成、法律作用与号码组成。

3. 理解国内外民航货运单的填写要求与填写规范，会填写国内外民航货运单。

一、民航货物托运书

民航货物托运书是托运人用于委托承运人或其代理人填开民航货运单的一种表单，表单上列有填制货运单所需各项内容，并印有授权承运人或其代理人代其在货运单上签字的文字说明。民航货物托运书被视为民航货物运输合同的一个组成部分。

（一）国内民航货物托运书

1. 国内民航货物托运书的填写要求

（1）货物托运书应使用钢笔、圆珠笔书写，有些项目（如名称、地址、电话等）可盖戳印代替书写；字迹要清晰易认，不能潦草；不能使用非国家规定的简化字；托运人对所填写的单位、个人或物品等内容应使用全称。

（2）托运人应认真填写托运书，对所填写事项的真实性与准确性负责，并在托运书上签字或盖章。

（3）一张托运书托运的货物，只能有一个目的地和一个收货人，并以此填写一份民航货运单。

（4）运输条件或运输性质不同的货物，不能使用同一张货物托运书托运。

（5）货物托运书应当和相应的货运单存根联以及其他必要的运输文件

副本放在一起，按照货运单号码顺序装订成册，作为核查货物运输的原始依据。

> 🔍 **课堂练习**
>
> 救急药品和水产品可以使用同一张民航货物托运书办理托运吗？为什么？

2. 国内民航货物托运书的填写规范

国内民航货物托运书的样式如图 2-1 所示：

始发站					目的站		
托运人姓名或单位名称					邮政编码		
托运人地址					电话号码		
收货人姓名或单位名称					邮政编码		
收货人地址					电话号码		
储运注意事项及其他					声明价值		保险价值
件数	毛重	运价种类	商品代号	计费重量	费率		货物品名（包括包装、尺寸或体积）
说明：(1) 托运人应当详细填写或审核本托运书各项内容，并对其正确性和真实性负责。(2) 有不如实申报价值的货物发生丢失、损坏或被冒领的，赔偿价值以此托运书的注明为准，造成赔偿不足的责任由托运人或收货人负责。(3) 承运人根据本托运书填写航空运单，经托运人签字后，航空运输合同即告成立。托运人或其代理人签字（盖章）：托运人或其代理人的有效身份证件号码：					货运单号码		
					经办人	X光机检查	
						检查货物	
						计算重量	
						填写标签	
						年 月 日	

图 2-1 国内民航货物托运书样式

对照图 2-1，国内民航货物托运书的填写规范如下：

（1）始发站、目的站：填写货物空运的出发和到达城市名。城市名应写全称，如北京、上海不能简写为京、沪或 PEK、SHA 等。

（2）托运人及收货人姓名或单位、地址、邮政编码、电话号码：填写个人或者单位的全称、详细地址、邮政编码和电话号码，不能使用简称。保密单位可以填写邮政信箱或单位代号。

（3）储运注意事项及其他：填写货物特性和储存运输过程中的注意事项，如易碎、防潮、防冻、小心轻放、急件或最迟运达期限，损坏、丢失或死亡自负，货物到达后的提取方式等。

（4）声明价值：填写向承运人声明的货物价值。如托运人不声明价

值，必须填写"NVD"（No Value Declared）或"无"字样。

（5）保险价值：填写通过承运人向保险公司投保的货物价值。如果已经办理了声明价值，可以填写"×××"或空白。

（6）件数：填写货物的件数。如一批货物内有不同运价种类的货物，则须分别填写，总额写在下方格内。

（7）毛重：在与件数相对应处填写货物的实际重量，总重量填写在下方格内。

（8）运价种类：分别以M、N、Q、C、S等代表货物的不同运价。

（9）商品代号：以数字或者英文代表指定商品的类别。

（10）计费重量：填写根据货物毛重、体积的重量或采用量分界点运价比较后最终确定的计费重量。

（11）费率：填写适用的费率。

（12）货物品名（包括包装、尺寸或体积）：填写货物的具体名称，不得填写表示货物类别的不确定名称，如苹果、葡萄等不能填写为水果；填写货物的外包装类型，如纸箱、木箱、麻袋等，如果包装不同，应分别注明包装类型和数量；填写每件货物的尺寸或该批货物的总体积。

（13）托运人或其代理人签字：必须由办理托运的托运人签字或盖章，代理人不可代替托运人签字。

（14）托运人或其代理人的有效身份证件号码：填写托运人的有效身份证件的名称、号码。

（15）经办人：分别由X光机检查员、货物检查员、过磅员、标签填写员签字，并打印货运单号码和填写日期，以明确责任。

课堂练习

某托运人向某航空公司托运一批电脑，在民航货物托运书"收货人地址"栏内填写"成都市金牛区"，在"货物品名"栏内填写"活体动物"。请问该托运人填写得规范吗？为什么？

（二）国际民航货物托运书

托运人在托运货物时，应该用英文填写一份国际货物托运书，承运人根据托运书来判断是否收运货物及填写货运单。

1. 国际民航货物托运书的样式

国际民航货物托运书的样式如图 2-2 所示：

始发站 Airport of Departure [2]	到达站 Airport of Destination [3]		货运单号 Waybill number [1]	
			供承运人用 For Carrier Use Only	
			航班/日期 Flight/Date	航班/日期 Flight/Date
路线及到达站 Routing and Destination [4]				
至 To	第一承运人 By First Carrier	至 承运人 To By	至 承运人 To By	已预留吨位 Booked [5]
托运人账号 Shipper's Account Number [7]		托运人姓名及地址 Shipper's Name and Address [6]		运费 Charges
收货人账号 Consignee's Account Number [9]		收货人姓名及地址 Consignee's Name and Address [8]		[10]
另请通知 Also Notify [11]				
托运人申明的价值 Shipper's Declared Value [12]		保险金额 Amount of Insurance [13]	所附文件 Document's to Accompany Air Waybill [14]	
供运输用 For Carriage	供海关用 For Customs			
件数 No. of Packages [15]	实际毛重（千克）Actual Gross Weight (kg) [16]	运价类别 Rate Class [17]	计费重量 Chargeable Weight [18]	费率 Rate/Charge [19]	货物品名及数量（包括体积或尺寸）Nature and Quantity of Goods (Incl. Dimensions or Volume) [20]
在货物不能交于收货人时，托运人指示的处理方法 Shipper's instructions in case of inability to deliver shipment as consigned [21]				
处理情况（包括包装方式、货物标志及号码等）Handling Information (Incl. Method of packing, identifying marks and number, etc.) [22]				
托运人证实以上所填全部属实并愿意遵守承运人的一切载运章程。The Shipper certifies that the particulars on the hereof are correct and agrees to the conditions of carriage of the carrier				
托运人签字 Signature of Shipper [23]		日期 Date [24]	经手人 Agent [25]	日期 Date [26]

图 2-2　国际民航货物托运书样式

2. 国际民航货物托运书的填写规范

（1）托运人填写项目。

①始发站 [2]：填写始发站机场的全称及国家名称。

②到达站 [3]：填写目的地机场的全称及国家名称。不知道机场名称时，可以填写城市名称。如果某一城市名称用于一个以上国家时，应加上国名。

③托运人姓名及地址 [6]：填写托运人姓名或托运单位，地址应详细填写。

④托运人账号［7］：必要时填写。

⑤收货人姓名及地址［8］：填写收货人的全名，地址填写国名、城市名称、街道名称、门牌号码和电话。由于货运单不能转让，在该栏不得填写"to order"或"to order of the shipper"字样。

⑥收货人账号［9］：必要时填写。

⑦另请通知［11］：托运人填写的另一收货通知人，要求详细填写。

⑧托运人申明的价值［12］：注明货币名称。

供运输用：填写托运人向承运人声明的货物价值，该价值为承运人赔偿的限额。承运人按声明价值的多少收取声明价值附加费。未声明价值时，可填"NVD"（无声明价值）。

供海关用：填写托运人向到达站海关申报的货物价值，若无需要，可不填，必要时也可以填写"NCV"（无商业价值）。

⑨保险金额［13］：按货物的实际价值填写保险金额。

⑩所附文件［14］：填写托运人交承运人随同货物带往目的地的文件。

⑪件数［15］：填写该批货物的总件数。如为混合交运的货物，相同运价的填在一起，不同的分列。

⑫货物品名及数量（包括体积或尺寸）［20］：对不同种类的货物，应详细填写货物的具体名称。尺寸以 cm 为单位，并注意货物的最长、最宽、最高尺寸。

提示：本栏所填写内容应与出口报关发票和进出口许可证上所列明的内容相符，对危险物品，必须注明其专有名称和包装级别。

⑬在货物不能交于收货人时，托运人指示的处理方法［21］：必要时填写。

⑭处理情况（包括包装方式、货物标志及号码等）［22］：填写货物的包装方式、标志和号码，以及在运输、中转、装卸、储存时需要特别注意的事项。

⑮托运人签字［23］：由托运人签字盖章。

⑯日期［24］：填写托运人或其代理人交货的日期。

（2）承运人填写项目。

①货运单号［1］：填写根据本托运书而填制的货运单号码。

②路线及到达站［4］：填写选择的运输路线及承运人代号，如果后者不指定，则只填写路线即可。

③已预留吨位［5］：填写预留吨位（包括已订妥或已发电申请预留吨位）的航班号（冠以承运人代号）和日期。

④运费［10］：填写运费或其他费用支付方式。运费预付填写"FREIGHT PREPAID"，运费到付填写"FREIGHT COLLECT"。

⑤实际毛重（kg）［16］：过磅后填写货物总重量。尾数以 0.1kg 为单位，不足 0.1kg 的四舍五入。一批货物按不同运价计费时，应分列重量，相加后的总重量填写在下方。

提示：若托运人已经填上重量，承运人或其代理人必须复核。

⑥运价类别［17］：填写所采用的运价类别代号。采用等级运价时，标明百分比。

⑦计费重量［18］：填写计算运费的重量。

⑧费率［19］：填写适用的每千克运价，如果为最低运费，也应填在本栏。

⑨经手人［25］：由经办人签字。

⑩日期［26］：填写办理货物托运的日期。

课堂练习

2020 年初，汇泰公司（杭州）与意大利米兰代理商陈伟明签订丝绸服装贸易合同，合同规定共计 200 件衣服，装入一箱内（80cm×60cm×40cm），毛重 150kg。4 月 23 日，汇泰公司与华迅公司签订民航运输合同。请根据以上资料填写托运书。

二、民航货运单

民航货运单是托运人（或其代理人）和承运人（或其代理人）之间缔结的货物运输契约，同时也是承运人运输货物的重要证明文件。一张民航货运单只能用于一个托运人（根据一份托运书）在同一时间、同一地点托运的，运往同一目的地、同一收货人的一件或者多件货物。

(一)国内民航货运单

1. 国内民航货运单的组成

国内使用的民航货运单一式八联,其中正本三联,副本五联。国内民航货运单各联的名称和具体用途见表2-2。

表2-2 国内民航货运单各联的名称和具体用途

印刷顺序	名称	颜色	用途
第一联	正本3	淡蓝色	交托运人
第二联	正本1	淡绿色	交财务部门
第三联	副本7	淡粉色	交第一承运人
第四联	正本2	淡黄色	交收货人
第五联	副本4	白色	交付货物的凭证,由承运人留存
第六联	副本5	白色	交目的站机场
第七联	副本6	白色	交第二承运人,作为结算凭证
第八联	副本8	白色	制单人留存

2. 国内民航货运单的法律作用

民航货运单是托运人和承运人(或其代理人)所使用的最重要的运输文件,具有以下法律作用:

(1)承运人和托运人缔结运输契约的初步证据。

(2)承运人收运货物的证明文件。

(3)托运人支付运费的凭证。

(4)保险证明,如托运人要求承运人代办保险。

(5)向海关申报的文件。

(6)供承运人发运交付和联运的单证路单。

(7)承运人之间的运费结算凭证。

(8)货物储运过程中的操作指引。

3. 国内民航货运单的分类

(1)民航主运单:凡由民航运输公司签发的民航货运单,称为主运单,它是民航运输公司办理货物运输和交付的依据,是航空公司和托运人订立的运输合同,每一批民航运输的货物都有自己相对应的民航主运单。

（2）民航分运单：集中托运人或民航货运代理公司在办理集中托运业务时签发的民航货运单称作民航分运单。民航分运单可作为集中托运人与托运人之间的货物运输合同。

4. 国内民航货运单的号码

民航货运单的号码是民航货运单不可缺少的重要组成部分，在货运单的左上角、右上角和右下角分别标有民航货运单号码。通过此号码可以确定民航货运单的所有人——出票航空公司，它是托运人或其代理人向承运人询问货物运输情况及承运人在货物运输各个环节（如订舱、配载、查询货物等）中组织运输时的重要信息来源和依据。

民航货运单号码由两组数字组成，第一组三位数字为出票航空公司票证代号；第二组由八位数字组成，为货运单的顺序号和检验号，其中第八位是检验号（号码为0—6，为前七位数字除以7的余数。）

表2-3 国内主要航空公司二字代码及票证代码

航空公司	二字代码	票证代码	航空公司	二字代码	票证代码
中国国际航空	CA	999	中国南方航空	CZ	784
东方航空	MU	781	上海航空	FM	774
四川航空	3U	876	成都航空	EU	811
海南航空	HU	880	厦门航空	MF	731
山东航空	SC	324	深圳航空	ZH	479
祥鹏航空	8L	856	奥凯航空	BK	866
华夏航空	G5	987	中国联合航空	KN	822
吉祥航空	HO	018	春秋航空	9C	089
西部航空	PN	847			

课堂练习

某航空公司的票证代号为999，其为托运人开具的民航货运单的顺序号为7840595，那么该民航货运单的号码是多少？

5. 国内民航货运单的填写要求

(1) 民航货运单应当由托运人填写,连同货物交给承运人。如承运人依据托运人提供的托运书填写货运单并经托运人签字,则该货运单应当视为代托运人填写。

(2) 货运单应按编号顺序使用,不得越号。

(3) 货运单必须填写正确、清楚。托运人应当对货运单上所填关于货物的声明或说明的正确性负责。需要修改的内容,不得在原处描改,而应将错误处划去,在旁边空白处书写正确的文字或数字,并在修改处加盖戳印。货运单只能修改一次,如再发生填写错误,应填制新的货运单。如填写错误涉及收货人名称、运费合计等栏目内容,且无法在旁边书写清楚时,应当重新填制新的货运单。填错作废的货运单,应加盖"作废"的戳印,除出票人留存外,其余各联随同销售日报送财务部门注销。

(4) 在始发站货物运输开始后,货运单上的"运输声明价值"一栏的内容不得再做任何修改。

6. 国内民航货运单的填写规范

国内民航货运单的正本3(托运人联)如图2-3所示:

对照图2-3,国内民航货运单的填写规范如下:

(1) 始发站[1]:填写货物始发站机场所在城市的名称,地名应写全称,不得简写或使用代码。

(2) 目的站[2]:填写货物目的站机场所在城市的名称,地名应写全称,不得简写或使用代码。

(3) 托运人姓名、地址、邮编、电话号码[3]:填写托运人全名,托运人姓名应与其有效身份证件相符;地址、邮编和电话号码要清楚准确。

(4) 收货人姓名、地址、邮编、电话号码[4]:填写收货人全名,收货人姓名应与其有效身份证件相符;地址、邮编和电话号码要清楚准确。此栏只能填写一个收货人,要求内容详细。

始发站 Airport of Departure [1]	目的站 Airport of Destination [2]	不可转让 NO NEGOTIABLE 航空货运单 航徽 中英文名称 航空公司 AIR WAYBILL 印发人 地址 邮编 Issued by			
托运人姓名、地址、邮编、电话号码 Shipper's Name, Address, Postcode & Telephone NO. [3]		航空货运单一、二、三联为正本,并具有同等法律效力 Copier 1, 2 and 3 of this Air Waybill are Originals and have the same validity.			
收货人姓名、地址、邮编、电话号码 Consignee's Name, Address, Postcode & Telephone NO. [4]		结 算 注 意 事 项 Accounting Information [22] 填 开 货 运 单 的 代 理 人 名 称 Issuing Carrier's Agent Name [23]			
航线 Routing [5]	到达站 To [5A]	第一承运人 By First Carrier [5B]		到达站 To [5C]	承运人 By [5D]
航班/日期 Flight/Date [6A]	航班/日期 Flight/Date [6B]	运输声明价值 Declared Value for Carriage [7]		运输保险价值 Amount of Insurance [8]	
储运注意事项及其他 Handling Information and Others [9]					
件数 No. of Pcs. 运价点 RCP	毛重 (千克) Gross Weight (kg)	运价 种类 Rate Class	商品代 号 Comm. Item No.	计费重量 (千克) Chargeable Weight (kg)	费率 Rate/kg	航空 运费 Weight Charge	货物品名(包括包装、尺寸或体积) Description of Goods (incl. Packing, Dimensions or Volume)
[10] [10A]	[11] [11A]	[12]	[13]	[14]	[15]	[16] [16A]	[17]

预付 Prepaid [18]	到付 Collect [19]	其他费用 Other Charges [20]	
[18A]	航空运费 Weight Charge	[19A]	本人郑重声明:此航空货运单上所填货运物品名和货物运输声明价值与实际交运货物品名和货物实际价值完全一致,并对所填航空货运单和所提供的与运输有关文件的真实性和准确性负责。 Shipper certifies that description of goods and declared value for carriage on the face hereof are consistent with actual description of goods and actual value of goods and that particulars on the face hereof are correct.
[18B]	声明价值附加费 Valuation Charge	[19B]	
[18C]	地面运费 Surface Charge	[19C]	
[18D]	其他费用 Other Charges	[19D]	托 运 人 或 其 代 理 人 签 字 、 盖 章 Signature of Shipper or His Agent [24]
[18E]	总额(人民币)Total (CNY)	[19E]	填 开 日 期 填 开 地 点 Executed on (Date) [25A] at (Place) [25B]
	付款方式 Form of Payment	[21]	填 开 人 或 其 代 理 人 签 字 、 盖 章 Signature of Issuing Carrier or His Agent [25C]

图 2—3　国内民航货运单的正本 3（托运人联）

提示：民航货运单不可转让，其所有权属于出票航空公司，即货运单所属的空运企业，在货运单的右上角印有"不可转让"（NO NEGOTIABLE）字样，任何 IATA 成员公司均不得印制可以转让的民航货运单，"不可转让"字样不可被删去或篡改。

（5）航线 [5]：

到达站 [5A]：填写目的地机场或第一中转站机场的三字代码。

第一承运人 [5B]：填写自始发站承运货物的承运人的二字代码。

到达站 [5C]：填写目的地机场或第二中转站机场的三字代码。

承运人 [5D]：填写第二承运人的二字代码。

（6）航班/日期 [6]：

航班/日期 [6A]：填写已订妥的始发航班日期。

航班/日期 [6B]：填写已订妥的续程航班日期。

(7) 运输声明价值 [7]：填写托运人向承运人声明的货物价值。托运人未声明价值时，必须填写"无"字样。

(8) 运输保险价值 [8]：填写托运人通过承运人向保险公司投保的货物价值。已办理声明价值的，此栏不填写。

(9) 储运注意事项及其他 [9]：填写货物在保管运输过程中应注意的事项或其他有关事宜，不得填写超出承运人储运条件的内容。

(10) 件数/运价点 [10]：填写货物的件数。如果货物运价种类不同，应分别填写总件数，填在 [10A] 栏。如运价是分段相加组成时，将运价组成点的城市代码填入本栏。

(11) 毛重（kg）[11]：在与货物件数相对应的同一行处，填写货物毛重。如分别填写时，总额应填在 [11A] 栏。

(12) 运价种类 [12]：应根据以下两种情况分别填写：

①如果在 [13] 栏内填入指定商品运价代号"C"，则在本栏填写指定商品的具体数字代号（根据各地区公布运价中确定的指定商品代号填写）。

②如果在 [13] 栏内填入等级货物运价代号"S"，本栏内应填写适用的普通货物运价的百分比数，如 Q150。

(13) 商品代号 [13]：填写运价类型代号，如 M、N、Q、C、S。

(14) 计费重量（kg）[14]：

①如果按体积计得的重量大于实际毛重，应将体积计费重量填入本栏。

②采用较低的运价和较高的计费重量分界点所得的运费低于采用较高的运价和较低的计费重量分界点的运费，则可将较高的计费分界点重量填入本栏。

(15) 费率 [15]：填写货物起讫点之间适用的每千克运价。

(16) 航空运费 [16]：填写根据费率和计费重量计算出的民航货物运费额。如分别填写时，将总额填在 [16A] 栏内。

(17) 货物品名（包括包装、尺寸或体积）[17]：填写货物的外包装类型，如果该批货物包装不同，应分别写明数量和包装类型；填写货物的名称、每件货物的尺寸或总体积，货物名称应当具体准确，不得填写表示货物类别的统称或品牌。

(18) 预付 [18]：

①航空运费 [18A]：填写预付的 [16] 或 [16A] 栏中的运费总额。

②声明价值附加费 [18B]：填写按规定收取的货物声明价值附加费。

③地面运费 [18C]：填写根据地面运费费率和计费重量计算出的货物地面运费总额。

④其他费用 [18D]：填写 [20] 栏各项费用的总额。

⑤总额（人民币）[18E]：填写 [18A] ～ [18D] 栏的总额。

(19) 到付 [19]：目前国内民航货物运输暂不办理运费到付业务。

(20) 其他费用 [20]：填写除民航货物运费、声明价值附加费和地面运费以外的根据规定收取的其他费用。

(21) 付款方式 [21]：填写托运人支付各项费用的方式，如现金、支票等。

(22) 结算注意事项 [22]：填写有关结算事项，如有关运价协议号码、销售运价文件号码、特别运价通知、代理人或销售单位编码等。

(23) 填开货运单的代理人名称 [23]：填写填制货运单的代理人名称。

(24) 托运人或其代理人签字、盖章 [24]：由托运人或其代理人签字盖章。

(25) 承运人或其代理人签字盖章：

①填开日期 [25A]：填写填制货运单的日期。

②填开地点 [25B]：填写填制货运单的地点。

③填开人或其代理人签字、盖章 [25C]：由填制货运单的承运人或其代理人签字盖章。

(二) 国际民航货运单

国际民航货运单是承运人和托运人之间的运输契约，也是民航运输的凭证。国际民航货运单不可转让。每一份货物或集合运输的货物均填写一份货运单，集合运输货物的分运单应由集运人自行备制，不得使用承运人的货运单。

1. 国际民航货运单的组成

国际民航货运单一式十二份，其中，有三份正本、六份副本和三份额

外副本。国际民航货运单各联的名称和具体用途见表2-4：

表2-4 国际民航货运单各联的名称和具体用途

印刷顺序	名称	颜色	流向	用途
第一联	正本1	淡绿色	制单承运人	承运人和托运人签署运输合同的证据，承运人财务部门留存
第二联	正本2	淡粉色	收货人	在目的站交付给收货人
第三联	正本3	淡蓝色	托运人	承运人与托运人签署运输合同的证据，托运人交付货物的凭证
第四联	副本4	淡黄色	交付承运人	经收货人签字后，作为交付货物的收据和完成运输的证明
第五联	副本5	白色	目的站机场	目的站机场使用
第六联	副本6	白色	第三承运人	承运人计算运费时使用
第七联	副本7	白色	第二承运人	承运人计算运费时使用
第八联	副本8	白色	第一承运人	承运人计算运费时使用
第九联	副本9	白色	代理人	制单代理人留存
第十联	额外副本10	白色		
第十一联	额外副本11	白色		
第十二联	额外副本12	白色		

2. 国际民航货运单的填写规范

国际民航货运单的填写规范如图2-4所示：

[1A] [1] [1B]		[1A] [1] [1B]
Shipper's Name and Address [2]	Shipper's Account Number [3]	NOT Negotiable Air Waybill [1C] Issued by
		Copies1,2,3 of this AWB are original and have the same validity [1D]
Consignee's Name and Address [4]	Consignee's Account Number [5]	It is agreed that goods described are accepted in apartnent good order and condition(except as noted)for carriage SUBJECT TO THE CONDITIONS OF CONTACT ON THE REVERSE HEREOF ALL GOODS MAY BE CARRIED BY ANY OTHER MEANS INCLUDING ROAD OR ANY OTHER CARRIER UNLESS SPECIFIC CONTRAY INSTRUCTIONS ARE GIVEN HEREON BY THE SHIPPER.AND SHIPPER AGRESS THAT THE SHIPMENT MAY BE CARRIED VIA INTERMEDIATE STOPPING PLACES WHICH THE CARRIER DEEMS APPROPRIATE.THE SHIPPER'S ATTENTION IS DRAWN TO THE NOTICE CONCEANING CARRIER'S LIMITATION. Shipper may increase such limitation of liability by declaring a higher value for carriage and playing a supplemental charge if required.
Issuing Carrier's Agent Name and City [6]		Accounting Information [10]
Agent's IATA Code [7]	Account No. [8]	
Airport of Departure(Addr of First Carrier)and Requested Rounting [9]		

To	By First Carrier	To	By	To	By	Currency	CHGS Code	WT/VAL PPD	WT/VAL COLL	Other PPD	Other COLL	Declared Value for Carriage	Declared Value for Customs
[11A]	[11B]	[11C]	[11D]	[11E]	[11F]	[12]	[13]	[14A]	[14B]	[15A]	[15B]	[16]	[17]

Airport of Destination	Flight/Date	Flight/Date	Amount of Insurance	INSURANCE-if carrier offers Insurance, and such insurance is requested in accordance with the conditions thereof. Indicate amount to be insured in figures in box marked "Amount of Insurance"
[18]	[19A]	[19B]	[20]	

Handling Information [21]

No. of Pieces RCP	Gross Weight	kg/lb	Rate Class	Commodity Item No.	Chargeable Weight	Rate/Charge	Total	Nature and Quantity of Goods(incl Dimension or Volume)
[22A]	[22B]	[22C]	[22D]	[22E]	[22F]	[22G]	[22H]	[22I]
[22J]	[22K]						[22L]	

Prepaid	Weight Charge	Collect	Other Charges
[24A]		[24B]	[23]
	Valuation Charge		
[25A]		[25B]	
	Tax		
[26A]		[26B]	
	Total Other Charges Due Agent		Shipper certifies that the particulars on the face hereof are correct and that Insofar as any part of the consignment contains dangerous goods, such part is properly described by name and is in proper condition for carriage by air according to the applicable Dangerous Goods Regulation.
[27A]		[27B]	
	Total Other Charges Due Carrier		[31] Signature of Shipper of his agent
[28A]		[28B]	
[29A]		[29B]	
Total Prepaid		Total Collect	
[30A]		[30B]	[32A] Executed on(date) [32B] at(place) [32C] Signature of Carrier of his Agen
Currency Conversion Rates		CC Charges in Destination Currency	
[33A]		[33B]	
	Charges at Destination		Total Collect Charges
For Carriers Use Only At Destination [33]	[33C]		[33D] [1A][1B]

图 2–4 国际民航货运单

对照图 2–4，国际民航货运单的填写规范如下：

（1）始发站机场（Airport of Departure）［1］填写始发站机场的 IATA 三字代码。

(2) 货运单号码（The Air Waybill Number）[1A] [1B]：包括航空公司的票证代号 [1A]、货运单序号和检验号 [1B]，应当清晰地印在货运单的左右上角及右下角。

(3) 货运单所属航空公司名称及总部所在地址（Issuing Carrier's Name and Address）[1C]：此处印有航空公司的标志、名称和地址。

(4) 正本联说明（Reference to Originals）[1D]：说明正本 1、2、3 具有相同的法律效力。此栏无须填写。

(5) 契约条件（Reference to Conditions of Contact）[1E]：用于填写其他相关的契约，一般情况下无须填写。

(6) 托运人名称和地址（Shipper's Name and Address）[2]：填写托运人的姓名（名称）、详细地址、国家（国家两字代号），以及托运人的电话、传真号码。

(7) 托运人账号（Shipper's Account Number）[3]：一般无须填写，除非承运人另有要求。

(8) 收费人姓名和地址（Consignee's Name and Address）[4]：填写收货人的姓名（名称）、详细地址、国家（或国家两字代号），以及收货人的电话、传真号码。

(9) 收货人账号（Consignee's Account Number）[5]：一般无须填写，除非承运人另有要求。

(10) 出票航空公司货运代理人名称和城市（Issuing Carrier's Agent Name and City）[6]：填写向出票航空公司收取佣金的 IATA 代理人的名称以及所在机场和城市。

(11) 国际航协代号（Agent's IATA Code）[7]：航空公司为便于内部系统管理，要求其代理人在此处填入相应代号。

(12) 账号（Account No.）[8]：一般无须填写，除非承运人另有要求。

(13) 始发站机场和要求的运输路线（Airport of Departure and Requested Routing）[9]：填写运输始发站机场或所在城市（始发站与所在城市使用相同代码）的全称，以及所要求的运输路线。

(14) 相关财务信息（Accounting Information）[10]：填写有关财务

说明事项。如付款方式为现金、支票或其他方式。

提示：无人押运行李使用 MCO 付款时，此栏应填写 MCO 号码、换取服务金额、旅客客票号码、航班号、日期和航程。

（15）运输路线和目的站（Routing and Destination）[11A～11F]：

①到达站（第一承运人到达站）（To）[11A]：填写目的地机场或第一中转站机场的三字代码。

②第一承运人（By First Carrier）[11B]：填写自始发站承运货物的承运人的二字代码。

③到达站（第二承运人到达站）（To）[11C]：填写目的地机场或第二中转站机场的三字代码。

④第二承运人（By）[11D]：填写第二承运人的二字代码。

⑤到达站（第三承运人到达站）（To）[11E]：填写目的地机场或第三中转站机场的三字代码。

⑥第三承运人（By）[11F]：填写第三承运人的二字代码。

（16）货币（Currency）[12]：填写运输始发地货币代号（统一采用国际标准化组织 ISO 的货币代号）。

提示：运输始发地货币是指运输始发地运价资料所公布的货币。除了 [33A～33D] 栏外，货运单上所列明的费用金额均按运输始发地货币表示。

（17）运费代号（CHGS Code）[13]：仅供承运人使用，主要作为电子传送货运单信息时必须填写的内容，本栏可以填写以下代号：

①CA：部分费用信用证到付，部分费用现金预付。

②CB：部分费用信用证到付，部分费用信用证预付。

③CC：所有费用到付。

④CG：所有费用到付，用政府提单支付。

⑤CP：目的地现金到付。

⑥CX：目的地信用证到付。

（18）货物运费、声明价值附加费、其他费用的付款方式 [14A] [14B] [15A] [15B]："VT/VAL" 表示货物航空运费、声明价值附加费预付（[14A]）或到付（[14B]）；"Other" 表示其他费用预付（[15A]）

或到付（[15B]）。有关费用预付（PPD）或到付（COLL），分别用字母"PP""CC"在货运单上表示，或在相关栏内用"X"表示。

提示：货运单上[24A][25A]或[24B][25B]两项费用必须全部预付或全部到付；[27A][28A]或[27B][28B]两项费用必须全部预付或全部到付。

（19）运输声明价值（Declared Value for Carriage）[16]：填写托运人关于货物运输声明价值的金额。如果货物没有运输声明价值，此栏不可以空着，必须填写"NVD"字样。

（20）供海关用声明价值（Declared Value for Customs）[17]：填写货物过海关时需要的货物商业价值金额。如果货物没有商业价值，或海关不要求声明价值，此栏必须填写"NCV"字样。

（21）目的站机场（Airport of Destination）[18]：填写最后承运人的目的地机场全称。

（22）航班/日期（Flight/Date）[19A][19B]：此栏仅供承运人填写。

① [19A]：承运人在收运货物时将预定航班或视需要将续运航班填入本栏。

② [19B]：填写托运人或其代理人申请预订的航班。

（23）保险金额（Amount of Insurance）[20]：如果承运人向托运人提供代办货物保险业务时，此栏填写托运人货物投保的金额。如果承运人不提供此项服务或托运人不要求投保时，此栏内容必须填写"XXX"符号。

（24）运输处理注意事项（Handling Information）[21]：填写货物在运输过程中需要注意的有关事宜。

（25）货物运价及细目（Consignment Rating Details）[22A]～[22L]：一票货物中如含有两种或两种以上不同运价类别计费的货物，应分别填写，每填写一项另起一行。如果含有危险物品，则该危险物品应列在第一项。

①货物件数/运价组合点（No. of Pieces RCP）[22A]：填写货物的件数。如果使用分段相加运价计算运费，则应在件数下面填写运价组合点

城市的 IATA 三字代码。

②毛重（Gross Weight）[22B]：填写货物实际毛重（以 kg 为单位时保留至小数点后一位）。

③千克/磅（kg/b）[22C]：以 kg 为单位用代号"K"，以磅为单位用代号"L"。

④运价等级（Rate Class）[22D]：根据所使用运价按下列规则填入规定代码：

M：最低运费。

N：45kg 以下的普通货物运价。

Q：45kg 以上的普通货物运价。

C：指定商品运价。

R：附减等级运价。

S：附加等级运价。

U：集装设备的最低重量及其适用的最低运费。

E：超过集装设备最低重量及其适用的运价。

⑤商品品名编号（Commodity Item No.）[22E]：运输指定商品，货物的运费使用指定商品运价计费时，此栏填写指定商品品名编号；运输等级货物，使用等级货物运价计费时，填写附加或附减运价的比例，用百分比表示；运输集装货物时填写集装货物运价等级。

⑥计费重量（Chargeable Weight）[22F]：填写计算货物运费适用的计费重量。

⑦运价/运费（Rate/Charge）[22G]：当使用最低运费时，此栏应填写运价代号"M"。当运价代号为"N""Q""C"时，填入相应的运价；当货物为等级货物时，填写与运价代号"S""R"对应的附加或附减后的运价。

⑧总计（Total）[22H]：填写计费重量与适用运价相乘后的运费金额；如果是最低运费或集装货物基本运费时，此栏与[22G]内金额相同。

⑨货物品名和数量（Nature and Quantity of Goods）[22I]：为了便于组织该批货物运输，此栏填写要求清楚、简明，并符合下列要求：

货物品名用英文大写字母表示。

当一票货物中含有危险物品时,应分列填写,危险物品应列在第一项。

运输活体动物,应根据 IATA 活体货物运输规定填写。

集合货物运输,应填写"Conditions as Per Attached List"。

货物体积用长×宽×高表示,如 DIMS:40cm×30cm×20cm。

⑩ [22J][22K][22L] 栏分别填写货物总件数、总毛重、总运费。

(26) 其他费用(Other Charges)[23]:填写除航空运费和声明价值附加费以外的其他费用。此栏中任一费用均需用三个字母表示,前两个字母表示费用种类,第三个字母表示费用归属。承运人收取的其他费用用"C"表示,代理人收取的其他费用用"A"表示。例如,"AWC"表示出票航空公司收取的货运单工本费;"AWA"表示代理人收取的货运单工本费。

(27) 航空运费(Weight Charge)[24A][24B]:填写航空运费计算栏 [22] 栏计算所得的航空运费总额。如若航空运费预付,填入 [24A];航空运费到付,则填入 [24B]。

(28) 声明价值附加费(Valuation Charges)[25A][25B]:当托运人声明货物运输声明价值时,此栏填入声明价值附加费金额。该费用必须与航空运费同步付款,即同时预付或同时到付。若声明价值附加费预付,填入 [25A];到付,则填入 [25B]。

(29) 税款(Tax)[26A][26B]:若需要,应填写政府或官方当局要求征收的税款。税款应全部预付或到付,税收的细节不需要填写在 [23] 栏内。税款预付填入 [26A],到付则填入 [26B]。

(30) 由代理人收取的其他费用总额(Total Other Charges Due Agent)[27A][27B]:预付填入 [27A],到付填入 [27B]。

(31) 由出票航空公司收取的其他费用总额(Total Other Charges Due Carrier)[28A][28B]:预付填入 [28A],到付填入 [28B]。

(32) 无名称阴影栏(Anonymous shadow bar)[29A][29B]:无须填写,除非承运人需要。

(33) 预付和到付费用总额(Total Prepaid/Collect)[30A][30B]:

①［30A］：填入［24A］［25A］［26A］［27A］［28A］等栏有关预付款项之和。

②［30B］：填入［24B］［25B］［26B］［27B］［28B］等栏有关到付款项之和。

（34）托运人证明栏（Signature of Shipper of his agent）［31］：填写托运人名称，并由托运人或其代理人在本栏内签字或盖章。

（35）承运人填写栏（Signature of Carrier of his Agent）［32A］［32B］［32C］：分别填入填开货运单的日期、地点、所在机场或城市的全称或缩写。日期按日、月、年的顺序填写。［32C］栏要求填写开货运单的承运人或其代理人在本栏内签字。

（36）仅供有关承运人、目的地机场等在目的站使用栏（For Carriers Use Only At Destination）［33A］～［33D］：收货人用目的地国家货币付费。

①货币兑换比价（Currency Conversion Rates）［33A］：填写运输始发地货币换算成目的地国家货币的比价（银行卖出价）。

②用目的地国家货币表示的付费金额（CC Charges in Destination Currency）［33B］：填写用目的地国家货币表示的付费金额。

③目的地费用（Charges at Destination）［33C］：最后一个承运人将目的站发生的费用金额填写在本栏中。

④到付费用总额（Total Collect Charges）［33D］：填写到付费用总额。

资料：

民航货运单的填开责任

根据《华沙公约》《海牙议定书》和承运人运输条件的条款规定，承运人的承运条件之一是民航货运单由托运人准备，托运人有责任填制民航货运单。规定明确指出，托运人应自行填制民航货运单，也可要求承运人或承运人授权的代理人代为填制。托运人对货运单所填各项内容的准确性、完备性负责。由于货运单所填内容不准确、不完备致使承运人或其他人遭受损失，托运人负有相关责任。托运人在民航货运单上签字，证明其接受民航货运单正本背面的运输条件和契约。

民航货物运输

根据《民航法》有关条款规定，托运人应当填写民航货运单正本一式三份，连同货物交给承运人。承运人有权要求托运人填写民航货运单，托运人有权要求承运人接受该民航货运单。

课后练习

一、填空题

1. 填写国内民航货物托运书时，如托运人不声明价值，必须填写_____或_____字样。

2. 民航货运单简称_____。

3. 国内使用的民航货运单一式_____联，其中正本_____联，副本_____联。

4. 民航货运单号码由两组数字组成，其中第一组三位数字为_____。

5. 国际民航货运单一式十二份，其中，有_____份正本、_____份副本和_____份额外副本。

二、单项选择题

1. 在国内民航货物托运书的"储运注意事项及其他"栏内，不可填写（　　）。

   A. 储存运输过程中的注意事项　　B. 急件或最迟运达期限

   C. 货物的声明价值　　　　　　　D. 货物到达后的提取方式

2. 国内民航货运单的第一联应交给（　　）。

   A. 托运人　　　　　　　　B. 财务部门

   C. 第一承运人　　　　　　D. 收货人

3. 国内民航货运单的号码不可标在货运单的（　　）

   A. 左上角　　B. 左下角　　C. 右上角　　D. 右下角

三、实训题

根据以下要求填制民航货运单。

1. 如果始发站是北京首都国际机场，是否可以把"BEIJING"城市全称填在货运单中，若可以，应填在货运单中的哪个位置。

2. 如果没有供应运输用的声明价值，在货运单上如何填写？请填在货运单中。

3. 如果托运人没有办理货物保险，在货运单上如何填写？请填在货运单中。

4. 如果运费是预付，在货运单上填入它的英文名称。

5. 如果货物从北京运往纽约，请在货运单上相应的位置填入它的货币代号。

任务三　民航货运包装

学习目标

1. 了解民航货运包装的基本要求，能对民航运输货物进行合理包装。
2. 熟悉民航货运的包装规范，能检验民航货运包装是否合适。
3. 了解民航货运对包装容器的具体要求。

在运输过程中，如果货物包装不够坚固、完好，容易在运输过程中发生包装破损，造成货物损失。因此，承运人在收运货物时，必须严格按照要求检查货物包装，对不符合包装要求的货物，应要求托运人改进或重新包装后才能收运。

一、民航货运包装基本要求

（一）货物包装应坚固、完好

货物包装应坚固、完好，在运输过程中能防止包装破裂、内物露出、散失，防止因码放、摩擦、震荡或者气压、气温变化而引起的货物损坏或变质，防止伤害操作人员或者损坏飞机、地面设备及其他物品。

民航货物运输托运人或民航货运代理将货物交给承运人时，如果包装破损，应按其破损程度重新包装或者修复包装。精密、易碎、怕震、怕压、不可倒置的货物，必须有相应的防止货物损坏的包装措施。若裸装货物破损轻微，但仍符合空运要求，托运人应在托运书和货运单的"储运注意事项"栏内注明货物破损的详细情况。

（二）便于搬运、装卸和码放

托运人应当根据货物性质及重量、运输环境条件和承运人的要求，采用适当的内、外包装材料和包装形式，对货物进行妥善包装。包装应符合货物的性质、状态和重量，还应便于搬运、装卸和码放。货物包装的表面不能有突出的钉、钩、刺等；包装要整洁、干燥，没有异味和油渍。

（三）衬垫材料不能外漏

精密易碎的货物在包装时都要加衬垫材料（如木屑、纸屑等），以防在运输过程中因震荡或摩擦造成内装物破损，但这些衬垫材料不能外漏，以免影响货物运输的安全性，污染仓库和飞机。

（四）可以使用包装带

小体积货物大多是多件捆绑成一件，如果包装散开、小件分离，在转运和交付时会涉及搬运问题，给收货人带来不便。所以，必须正确使用包装带加固货物包装，以保证货物在运输过程中不致散开。捆扎货物所使用的包装带应能承受货物的全部重量，并保证提起货物时不致断开；严禁使用草袋包装或草绳捆扎货物。

二、民航货运包装规范

（一）液体货物

作为普通货物的液体物品，应使用与货物性质相匹配的容器盛装，无论是瓶装、罐装或桶装，容器内必须留有 5%～10% 的空隙，且封盖必须严密，不得溢漏。用玻璃容器盛装的液体，每个容器的容量不得超过 500ml，单件货物毛重以不超过 25kg 为宜，并要外加木箱，箱内应使用衬垫和吸附材料填实，防止晃动或液体渗出。用陶瓷、玻璃容器盛装的液体货物，外包装需要加贴"易碎物品"标签。

（二）粉状货物

用袋盛装的粉状货物，最外层应使用塑料涂膜编织袋或玻璃纤维袋等做外包装，并保证粉末不致漏出，单件货物毛重不得超过 50kg。用硬纸桶、木桶、胶合板桶盛装的粉状货物，要求桶身不破、接缝严密、桶盖密封、桶箍坚固结实。用玻璃盛装的粉状货物，每瓶装物的重量不得超过 1kg，并要外加铁箱或木箱，箱内用衬垫材料填实。

（三）精密易损、质脆易碎货物

单件货物毛重以不超过 25kg 为宜，可以采用以下方法包装：

（1）多层次包装：内装物—衬垫材料—内包装—衬垫材料—外包装。体积不大的陶瓷或玻璃类制品通常采用此种包装。

（2）悬吊式包装：用几根弹簧或绳索，从箱内各个方向把货物悬置在

箱子中间。体积小、数量少但价值较高的货物，如灵敏度很高的精密仪器最好采用此种包装。

（3）防倒置包装：通常使用"请勿倒置"标签表示货物不可倒置。底盘大、有手提把环或屋脊式箱盖的包装，不宜平放的玻璃板、挡风玻璃等必须采用此种包装。

（四）裸装货物

大型机械设备、建筑材料、轮胎等不怕碰压的货物可以不用包装，但不易清点件数、形状不规则、外形与运输设备相似或容易损坏飞机的货物，应使用绳索、麻布包扎或外加包装。

（五）大型货物

体积或重量较大的货物，底部应有便于叉车操作的枕木或底托，并在货物的外包装上注明重心位置，以避免在操作时货物失去平衡。例如，飞机发动机的体积和重量都很大，操作时托运人通常使用叉车或吊车将其放置在集装板上，捆绑固定后再交给承运人。

（六）小件货物

对于一般文件、信函，以及零星托运的新闻录像带、录音带、光碟、医用X光片等，应要求托运人使用纸箱或木箱作为货物外包装。使用其他材料作为外包装的，包装强度必须能够保证货物在运输过程中不会因其他货物的正常挤压而损坏。使用布制口袋或网袋作为外包装的，应有内包装。

带有电源的电器、玩具、工具等，应将电源独立包装。不能分开包装的，应采取措施防止开关在储运过程中被意外开启。使用干电池作为电源的警棍、电筒、玩具等货物，托运前必须将干电池取出或将电池正负极倒放。

资料：

禁止客机运输单独包装锂金属电池

为提升锂金属电池货物民航运输的安全水平，民航局规定今后除非获得国家豁免，将禁止使用客机运输单独包装的锂金属电池货物。

据了解，锂金属电池主要应用于手表、计算器、电脑主板和一些仪器仪表，含有金属锂。锂是一种非常活泼的金属，一旦锂金属电池在运输过程中受到撞击,电池中的锂就可能会发生剧烈反应,产生大量的热,从而引燃周围的物质,发生火灾。

民航局要求,货运销售代理人要把好民航货物揽收关,严禁为单独包装的锂金属电池货物预订客机舱位。航空公司、机场要加强货物收运检查和安全检查,发现拟使用客机运输未获得民航局豁免的单独包装的锂金属电池货物的,一律依照相关规定移交公安机关或民航管理部门依法处置。

(七)水产品

水产品必须根据货物种类选择符合安全要求的包装方式,按照航空行业标准《水产品航空运输包装标准》(MH1007-1997)执行。

资料:

大闸蟹到底能不能带上飞机

硕放机场发现,不少旅客带着大闸蟹坐飞机,结果在过安检的时候状况百出。那么大闸到底能不能带上飞机?旅客又该注意哪些问题呢?

硕放机场工作人员介绍说,带着大闸蟹坐飞机常见的问题有三种:一是把大闸蟹当随身行李携带,过安检时被拒;二是包装单薄,值机时被要求重新打包;三是包装完好却出现渗水现象,被"拒载"。机场提醒旅客,螃蟹、鱼类等鲜活物品不能随身携带上飞机,必须托运。托运的大闸蟹一定要包装严实,内部螃蟹捆绑好,外面包装扎紧,否则容易漏水,甚至发生大闸蟹"出逃"的情形。

此外,各航空公司都有规定:托运螃蟹等鲜活物品需签订免责申明,如果大闸蟹在托运过程中死亡,航空公司按协议可不做赔偿。建议旅客切勿直接加冰、加水保鲜,可使用冰冻后的矿泉水瓶,将瓶盖拧紧以保鲜、降温。

三、民航货运对包装容器的具体要求

(一)纸箱

纸箱应能承受同类包装货物码放3m或4层的总重量。

(二)木箱

木箱厚度及结构要适合货物安全运输的需要;盛装贵重物品、精密仪器、易碎物品的木箱,不得有腐蚀、虫蛀、裂缝等现象。

（三）条筐、竹篓

条筐、竹篓应编制紧密、整齐、牢固、不断条、不劈条，外形尺寸以不超过 50cm×50cm×50cm 为宜，单件毛重以不超过 40kg 为宜，内装货物及衬垫材料不得漏出，应能承受同类货物码放三层高度的总重量。

（四）铁桶

铁桶的厚度应与内装货物重量相适应，单件毛重 25~100kg 的中小型铁桶，应使用 0.6~1mm 的铁皮制作；单件毛重 50~180kg 的大型铁桶，应使用 1.25~1.5mm 的铁皮制作。桶的外部应装有便于搬运的把手，否则应将一个或数个桶固定在便于叉车操作的托盘上。

四、几种常见的民航货运不适当包装

（1）带子及绳索。

（2）不防水胶布。

（3）重复使用的盒子或箱子。

（4）保丽龙（泡沫塑料）。

（5）没有内装保护。

（6）没有内包装的细琐物品。

（7）手提袋，行李箱。

（8）已受潮或已破损的包装。

课后练习

一、填空题

1. 作为普通货物的液体物品，应使用与货物性质相匹配的容器盛装，无论是瓶装、罐装或桶装，容器内必须留有_____的空隙。

2. 用袋盛装的粉状货物，最外层应使用_____或_____等做外包装，并保证粉末不致漏出。

3. 作为民航货物运输外包装的条筐、竹篓应编制紧密、整齐、牢固、不断条、不劈条，外形尺寸以不超过_____为宜。

二、单项选择题

1. 体积不大的陶瓷或玻璃类制品通常采用（　　）包装。

A. 多层次　　B. 悬吊式　　C. 防倒置　　D. 压缩式

2. 以下货物中，（　　）采用民航运输时可以不用包装。

A. 高级服装　　B. 大型机械设备　　C. 活体动物　　D. 玻璃制品

三、简答题

民航货运包装有哪些基本要求？

任务四　民航货物标识

学习目标

1. 熟悉民航货物标识的内容，能根据货物实际情况书写民航货物标记。

2. 掌握民航货物标签的分类和使用要求，能正确粘贴（或拴挂）民航货物标签。

民航货物标识是民航货物外包装上的货物标记与标签的总称，对组织货物运输、防止差错事故发生、提高运输质量有着重要的作用。托运人或其代理人必须在货物包装上书写货物标记，并粘贴或拴挂货物标签。

一、民航货物标记

民航货物标记是由托运人书写、印刷或粘贴在货物外包装上的有关记号、操作注意事项和说明等，具体包括以下内容：

（1）货物的始发站，托运人的名称、地址、电话或传真号码及详细地址。

（2）货物的目的站，收货人的名称、地址、电话或传真号码及详细地址。

（3）货物储运注意事项，如"小心轻放""潮湿"等；大件货物的包装表面应标明"重心点""由此吊起"等操作图示。

（4）货物合同号、代号等。

（5）货物的单件毛重或净重。

提示：托运人应在其托运的每一件货物的外包装上书写货物标记，如果货物表面不便于书写，可写在纸板、木牌、布条上，再钉、拴在外包装上。

二、民航货物标签

民航货物标签分为识别标签、特种货物标签和操作标签三大类。

（一）识别标签

识别标签是标明货物的始发站、目的站、货运单号码、件数、重量的标签，用以防止货物丢失或运输错误（如图 2-5）。识别标签主要有以下两种：粘贴用的软纸不干胶标签，适用于外包装可附的货物；拴挂用的硬纸标签，适用于不宜使用软纸标签的货物。

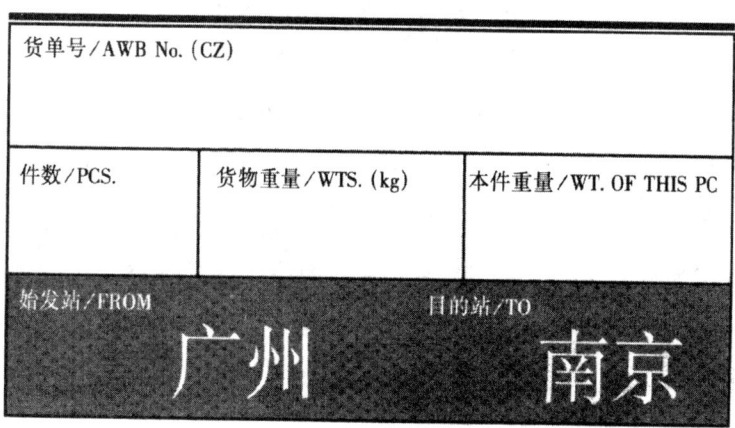

图 2-5 识别标签

（二）特种货物标签

特种货物标签是说明特种货物性质的标签。其作用是要求工作人员按照货物的特性进行操作，预防事故的发生，其图形、名称、尺寸、颜色均应符合标准。特种货物标签主要包括以下几种。

1. "易碎物品"标签

在收运易碎物品时，应在货物各正面加贴"易碎物品"标签（如图 2-6），以示货物在运输过程中需要小心轻放，避免由于碰撞而使货物受损。

图 2-6 "易碎物品"标签

2. "鲜活易腐"标签

在收运鲜活易腐货物时,应在货物外包装各正面加贴"鲜活易腐"标签(如图 2-7),以示货物在运输过程中易发生腐烂变质,需要给予特殊照顾。

图 2-7 "鲜活易腐"标签

3. "活体动物"标签

在收运活体动物时,应在货物外包装各正面加贴"活体动物"标签(如图 2-8),以便在运输过程中引起注意。

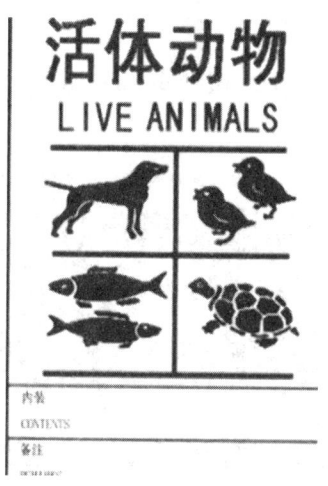

图 2-8 "活体动物"标签

4. "实验动物"标签

在收运实验动物时,需要在货物外包装各正面加贴"实验动物"标签(如图 2-9),以便在运输过程中引起注意,防止动物受到细菌或病毒感染。

图 2-9 "实验动物"标签

5. "急件"标签

在收运急件时,需要在货物外包装上加贴"急件"标签(如图2-10)。

图2-10 "急件"标签

6. "货物"标签

"货物"标签(如图2-11)主要用于作为货物运输的行李及外形类似于集装设备的货物,防止在运输过程中漏卸、丢失。

图2-11 "货物"标签

(三)操作标签

操作标签是标明货物储运注意事项的各类标签,用于提示工作人员按照标签的要求操作,以达到安全运输的目的。操作标签主要有以下几种。

1. "请勿倒置"标签

在收运禁止倒置的货物时,应在货物的外包装上加贴"请勿倒置"标签(如图2-12),以防止货物在运输过程中因倒置而受到损坏。

图 2-12 "请勿倒置"标签

2. "注意固定"标签

在收运一些大件货物时，应在货物外包装上加贴"注意固定"标签（如图 2-13），以防止货物在运输过程中因滑动而受到损坏或者损坏其他货物。

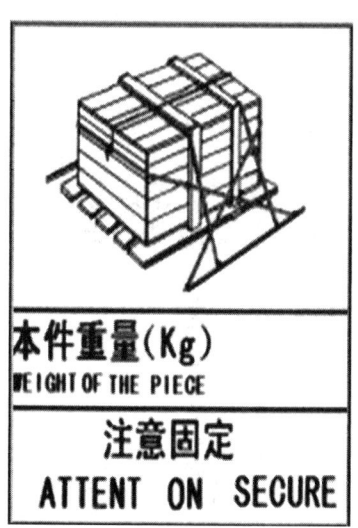

图 2-13 "注意固定"标签

3. "押运货物"标签

在收运一些贵重货物时，应在货物的外包装上加贴"押运货物"标签（如图 2-14），以防止货物在运输过程中丢失。

图 2-14　"押运货物"标签

4. "防止潮湿"标签

在收运一些需要在干燥环境下运输的货物时，应在货物外包装上加贴"防止潮湿"标签（如图 2-15），以防止货物在运输过程中因受潮而损坏。

图 2-15　"防止潮湿"标签

三、民航货物标签使用要求

（一）标签应由托运人粘贴（拴挂）

承运人应协助托运人正确地粘贴（拴挂）标签，并检查标签粘贴（拴挂）的情况，发现错、漏或位置不当时，应立即纠正。

（二）标签需保持完整

托运人使用旧包装时，必须清除或涂掉包装外部的残旧标签。在装卸、仓储过程中要注意保持标签完整，遇有脱落或辨认不清的，应根据货运单及时补充。因货物包装材料或其他原因限制，不能保证货物标签在运输过程不会脱落时，应将货运单号码、货物始发站和目的站写在货物的外包装上。

（三）标签数量合适

每件货物的外包装上至少应牢固地粘贴（拴挂）一个识别标签。如果一个包装件体积超过 $0.4m^3$，应在包装上粘贴（拴挂）两个识别标签。一件货物需粘贴（拴挂）两个或以上标签时，应在包装两侧对称部位粘贴（拴挂）。

提示：包机运输的货物，如果货物全属于一个单位，运往同一个目的站而不需要转机运输，可以不用粘贴（拴挂）识别标签。

（四）标签粘贴（拴挂）位置适当

标签应粘贴（拴挂）在货物的侧面，不得粘贴（拴挂）在货物顶部或底部。标签不能倒贴或歪贴，应当根据货物的形状，尽量粘贴（拴挂）在明显易见的部位。标签不得粘贴（拴挂）在包装带上，也不能粘贴（拴挂）在包装外部的捆扎材料上。

民航货物运输

课后练习

一、填空题

1. _____ 是说明特种货物性质的标签。

2. 一件货物粘贴（拴挂）两个或以上标签时，应在_____粘贴（拴挂）。

二、单项选择题

1. （　　）是标明货物的始发站、目的站、货运单号码、件数、重量的标签。

　　A. 特种货物标签　　B. 识别标签　　C. 操作标签　　D. 警示标签

2. （　　）主要用于作为货物运输的行李及外形类似于集装设备的货物。

　　A. "易碎物品"标签　　　　B. "实验动物"标签

　　C. "急件"标签　　　　　　D. "货物"标签

3. 在收运一些大件货物时，应在货物外包装上加贴（　　），以防止货物在运输过程中因滑动而受到损坏或者损坏其他货物。

　　A. "请勿倒置"标签　　　　B. "注意固定"标签

　　C. "鲜活易腐"标签　　　　D. "防止潮湿"标签

4. 收运贵重货物时，应在货物外包装上加贴（　　），以防止货物在运输过程中丢失。

　　A. "请勿倒置"标签　　　　B. "注意固定"标签

　　C. "押运货物"标签　　　　D. "防止潮湿"标签

项目二　民航货物仓储与装卸

任务一　民航货物仓储、配载与出仓

学习目标

1. 了解民航货物仓储、配载与出仓的注意事项。
2. 能进行民航货物仓储、配载与出仓的操作。

一、民航货物仓储

民航货物仓储就是指货物收运后到交付前对入库货物进行储存和保管。《中国民用航空货物国内运输规则》第十六条规定:"承运人应当根据进出港货物运输量及货物特性,分别建立普通货物及贵重物品、鲜活物品、危险物品等货物仓库。货物仓库应当建立健全保管制度,严格交接手续;库内货物应当合理码放、定期清仓;做好防火、防盗、防鼠、防水、防冻等工作,保证进出库货物准确完整。"

此外,在民航货物仓储管理过程中,还应注意以下事项:

(1) 进入仓库的货物,要有仓库保管员亲临现场,做到将货物交接单、货运单与货物相核对,确认无误后,依据仓库布局,指挥搬运员按照要求将货物放置在指定位置,同时做好入库记录。

(2) 根据货物性质采取相应的措施。例如,同批货物应当码放在一起;急件货物与小件货物应当放置在一起;贵重物品、危险物品应当放入有锁的专门仓库;鲜活易腐物品应根据需要放入冷库储存。有条件的承运人还可以对小件货物和急件货物分别建立仓库,以做好配运工作。

(3) 货物码放一定要整齐、稳定,做到大不压小、重不压轻、木箱不压纸箱。同时,货物所贴的标签、标记应当朝外,以便于辨认和及时运输。

（4）货物存放要有空隙与足够的通道，以便于核对、装卸及车辆通过。

（5）保管人员要了解和掌握库存情况，坚持每天做好记录，并准备好第二天发运的货物，保证进出库货物完整准确。

（6）仓库的管理必须明确责任，划分区域，专人专管，每日进行核对、清点、检查和登记工作。若有未交接的货运单和货物，必须当日查清，及时处理。

二、民航货物配载

民航货物运送之前，需要根据货物的性质及舱位控制制度等因素，对货物进行合理配载，以避免舱位浪费或者货物积压。配载人员主要负责飞机的载重与平衡的配算，以最大限度地发挥其经济效益。在配载过程中，应注意以下事项：

（1）注意按货物的发运顺序、运输路线和分配发运的规定办理。运输急件货物或有时限的货物时，应按照货运单上指定的日期或航班运送货物；每批 5 kg 以下的小件货物可以酌情提前配运。

（2）建立舱位控制制度，合理配载，避免舱位浪费或货物积压。

（3）配载联程货物时，要考虑到联程中转站的转运能力。

（4）尽量利用货舱载量和舱位，重量大、体积小的货物要与轻泡货物搭配装载。注意同一舱位的各种货物性质有无抵触。

（5）配载的重量宁可小于而不能超过限额，同时选择好在最后结算载量时需要增加或拉卸的货物。

资料：

板箱中"搭积木" 方寸间创利润

谈及机场地面服务人员，大家最先想到的是值机、安检、地勤，殊不知在机场货站还有一个特殊的群体，虽然他们文化素质不高，却在做最具有技术含量的工作。他们每天在板箱中"搭积木"，为的就是让每架飞机的货物容积利用率达到最大。他们就是将货物组装上板箱的组板师。

货站不同于候机楼，每天迎来送往的不是旅客，而是一件件形状各异、包装不同的货物。这些货物送到货站时零散无序，登机时却被有序地拼在板箱中，最后被分毫不差地放入机型各异的飞机货舱中。拼装货物的整个过程，需要组板师的专业技能。

每天，组板师上班的第一件事就是查看航空公司计划，了解执飞航班机型。因为不同机型所需装配的板箱各异，就算是同一机型，经过改装，所需板箱也会不同。为最大限度地利用机舱容积，组板师要熟背所有的机型和板型，以便最终组好的板箱既能通过舱门，又能恰到好处地装满机舱。

在领取合适的板箱后，组板师就要开始考虑如何在保证货物完好无损的情况下，将尽量多的货装入容积限定的板箱并组上高度受限且底面积固定的板上。对于这其中的技巧，有11年组板经验的王师傅说："我们都按照'交错叠放、骑缝码放'的原则进行组装。当然，因为货物形状大小各异，如何在受限的情况下码放更多的货，这就全凭多年的工作经验了。而且，每个板都有最大承重，为将板的利用率最大化，遇到超重，我们还要通过使用不同大小的垫板加大货物的受力面积，保护集装器和方便地勤装卸。"

三、民航货物出仓

民航货物出仓是指将库内货物按照货邮舱单和民航货运单进行核对后单独存放，并准备运输的工作。在出仓过程中，应注意以下事项：

（1）清楚所配货物的体积，判断能否装入货舱，重量是否超过货舱地板承受力。

（2）为便于复核装机的货物、邮件，保管员应填写装机单。

（3）出仓时货物保管人员必须注意三核对、三符合，即货运单与货邮舱单相符、货邮舱单与装机单相符、装机单与出仓货物相符。

（4）货邮出仓搬运时必须严格按照包装上的储运指示标志处理，如有需要特殊照料的货物，保管员应事先向搬运人员交代清楚。货物出仓时，如对货物重量或者件数有怀疑，应当及时复核；如发现货物重量或者体积过大，无法装入货舱，应当另行调配；对分批发运的货物，除标准件外，应每批核实过秤，不可估算。

(5) 出仓的货邮，应按航班飞机和到达地点及货舱号分别堆放，注意不要与未出仓的货邮混杂。

(6) 包装不够完善或运输手续不齐全的货物，应分别打好包、补齐手续才能出仓。已经发生破损、短少但还未查明原因的货物，运输手续不齐全而且不能确定收货人的货物，以及需要加固或更换包装的货物，都不能出仓。

课后练习

一、填空题

1. 配载货物时，应注意按货物的_____、_____和分配发运的规定办理。

2. 配载联程货物时，要考虑到_____的转运能力。

3. 出仓时货物保管人员必须注意三核对、三符合，即_____相符、_____相符、_____相符。

二、简答题

1. 简述民航货物仓储的注意事项。
2. 简述民航货物出仓的注意事项。

任务二　民航货物装卸

学习目标

1. 熟悉民航货物装卸的要求。
2. 掌握货邮舱单的填写方法，能准确填写货邮舱单。

装卸作业是运输业务工作中不可缺少的组成部分，是保证货物安全运输的重要环节。民航货物装卸作业与确保飞行安全、提高运输服务质量、保证航班正点、保证运输顺利进行等都有直接的关系。

一、民航货物装卸的一般要求

民航货物装卸应当建立健全监装、监卸制度，并由专职人员对作业现场实施监督检查。具体来讲，民航货物的装卸一般有以下要求。

（一）确保飞机飞行安全

（1）严格按照货邮舱单准确装卸货物，防止错装、错卸、漏卸、多装或漏装，影响飞行安全。

（2）在装运危险物品、放射性同位素等具有危险性的货物时，必须查看有无不正常的现象。

（3）若发现货物、邮件有异常现象时，应当将货物、邮件迅速转移至安全区域。

（二）保证飞机及设备状况良好

（1）使用机动装卸车辆进行装卸时，应使车辆与飞机舱门保持一定距离。

（2）对于前三点飞机，装机应先装前舱，卸机应先卸后舱，以防止机尾下沉。

（3）装载重量较大的货物要轻起慢落，防止砸坏飞机地板结构。

（4）装载底部面积小而重量大的货物，要注意是否超过机舱地板的承受力。

提示：前三点飞机和后三点飞机主要是根据飞机的起落架位置区分的。前三点飞机起落架是目前大多数飞机所采用的起落架布置形式，有一个前轮和两个后主轮，后主轮在机身重心之后。

（三）保证货物运输的安全性

（1）对于任何货物，装卸时都应严格按照货物外包装指示标贴操作，轻拿轻放，严禁翻滚抛掷或者强塞硬挤，避免货物破损。

（2）装放在容器内的货物要堆码整齐、紧密，重不压轻、大不压小、木箱不压纸箱。

（3）在雨天进行装卸时，要使用雨布等将货物盖好，防止因为雨淋而使货物受潮损坏。

（4）装卸时严禁吸烟，装卸人员不能携带易燃物品。

（四）保证货物装卸准确、迅速

（1）凡货物的出入仓或者装卸作业，都必须根据相关业务单据认真核对，装卸飞机时，必须清点货物件数是否准确，清点完成后要由负责人员签字确认。

（2）如发现货物不正常情况，如货运单和运输货物不符、包装破损、内装物渗漏等，应当按有关规定办理签注或者填写事故记录等，随后进行处理。

（3）根据飞机起飞时间先后和装机量大小安排装机顺序，保证每架飞机在旅客登机前 10 分钟完成装卸作业，过站飞机则应在旅客登机前 5 分钟完成货物的装卸，不能因为装卸工作而延误飞机的起飞。

（4）装机时要根据货物的形状、重量、性质合理调配，做到合理利用飞机舱位，在保证货物安全的基础上，充分利用飞机载重量和货舱容积，以达到每架航班的经济利益最大化。

（5）为卸机方便，在同货舱内装载的货物，注意应当将最后到达的货物先装进货舱，中途站到达的货物后装进货舱，放在舱门附近。

（6）在目的站，飞机上的货物卸载完成后，应由作业人员对货舱进行认真检查，防止漏卸。

🔍 **课堂练习**

某航空公司航班 B738 的装机单情况为：1 舱、2 舱装行李，3 舱装货物。由于该航班监装监卸员现场疏忽大意，看错装机单，现场指挥搬运工将本应该装入 1 舱的行李（621kg）装入 3 舱，导致重心变化。对于这种情况，应如何处理？

（五）保证装卸作业安全

（1）加强安全生产和规章制度的教育，建立日常和定期的安全技术教育制度，使装卸人员不断提高对安全生产重要性的认识，掌握安全生产的必要知识和技能。

（2）认真总结货物安全装卸作业的经验，采取有效措施，防止发生事故。

（3）禁止没有驾驶执照的人员驾驶机动车辆，操作装卸机械设备的人员应当进行严格训练、考核，并经领导批准，方能独立参加作业。各种机械设备也应按照相关的技术标准管理规定使用。

（4）根据夏季和冬季气候条件，采取防暑、降温、防寒、防冻等措施，保证货物的安全装卸。

二、编制货邮舱单

货邮舱单是航班在始发站或经停站所装卸全部货物、邮件的清单。它是承运人和地面服务代理人装卸、分拣的依据，也是承运人结算民航货物运费的凭证。

航班号：___ 飞机号：___ 飞行日期：___ 始发站：___ 到达站：___ 编号：___								
货运单号码	品名	件数	重量(kg)	始发站	到达站	备注	经手人签字	
共计	货物			制表：复核：				
	邮件							
	公邮							

图 2—16 国内货邮舱单

（一）货邮舱单的一般规定

（1）承运人应根据所配货物的货运单及邮件总路单填写货邮舱单或输入计算机打印。

（2）货邮舱单要留存备查，交接时要填制货邮舱单、承运人联交接单，并与货运单承运人联一起转交结算部门。

（3）货邮舱单的保存期限为两年。

（4）航班无货邮时也必须编制货邮舱单，即"空舱单"，空舱单上必须注明"NL"字样。

（5）一个航段的货邮舱单一式至少六份，一份供货物出仓，一份用于本站存查，一份用于结算（附在货运单的承运人联后），另外两份（或多份）随货运单交到达站，一份留存配载室。

（二）货邮舱单的填写方法

（1）航班号、飞机号：填写所配运货物的航班号和飞机号。

提示：每一架飞机都有一个唯一的注册号，就是飞机号，由一个字母和四位数字组成。其中，字母表示飞机的国籍，中国的飞机用字母"B"表示。

（2）飞行日期：填写该次航班飞行的年、月、日，以及飞机的出发地城市名称。

（3）始发站、到达站：按照货运单上的始发站和到达站填写。

（4）货运单号码：按照货运单号码的顺序逐行排列，填写货运单号码或者邮件路单号码。

(5) 品名：填写货运单所列货物品名。

(6) 件数、重量：按照货运单所列的件数和重量填写。

(7) 备注：根据每票货物的性质和储运注意事项内容填写。如填写分批货物的批次、中转货物的最终目的站、联程货物的到达日期，以及是否为急件、贵重物品、押运货物等。

(8) 经手人签字：到达站或者接收货物人员核对无误之后在此栏签收。签收不能使用简称，必须写姓名全称。

(9) 共计：分别填写货物累计总件数、总重量。

(10) 制表、复核：填单人和出仓人在此栏分别签字。

课堂练习

请问在民航货物装卸过程中要注意哪些问题，应如何填写货邮舱单？

课后练习

一、填空题

1. 对于前三点飞机，装机应先装_____，卸机应先卸_____，以防止机尾下沉。

2. 航班无货邮时也必须编制货邮舱单，即"_____"。

二、单项选择题

1. 以下有关民航货物装卸的说法中，不正确的一项是（   ）。

A. 严格按照货邮舱单准确装卸货物

B. 严格按照货物外包装指示标贴操作

C. 过站飞机应在旅客登机前 10 分钟完成货物的装卸

D. 装机时要根据货物的形状、重量、性质合理调配

2. 装卸民航货物时，禁止没有驾驶执照的人员驾驶机动车辆，主要是为了（   ）。

A. 确保飞机飞行安全　　　　　　B. 保证飞机及设备状况良好

C. 保证货物装卸准确　　　　　　D. 保证装卸作业安全

3. （　　）是航班在始发站或经停站所装卸全部货物、邮件的清单。

A. 民航货运单　　　　　　B. 货邮舱单

C. 货物托运书　　　　　　D. 装机单

4. 一个航段的货邮舱单一式至少（　　）份。

A. 三　　　B. 四　　　C. 五　　　D. 六

三、简答题

1. 民航货物装卸一般有哪些要求？

2. 在民航货物装卸过程中，如何保证货物运输的安全性？

项目三　民航货物运送、到达与交付

任务一　民航货物运送

学习目标

1. 了解并能确定货物的发运顺序和运输路线安排。

2. 熟悉货物分批运输和中转运输的相关知识，能准确填写货物分批发运单和中转舱单。

一、货物的发运顺序

承运人应当按以下发运顺序尽快将货物运抵目的地：

（1）抢险、救灾、急救、外交信袋和政府指定急运的物品。

（2）指定日期、航班和按急件收运的货物。

（3）有时限、贵重和零星小件物品。

（4）国际和国内中转联程货物。

（5）普通货物按照收运的先后顺序发运。

提示：需办理急件运输的货物，托运人应当在货运单上注明发运日期和航班，承运人应当按指定的日期和航班运出。承运人必须征得联程站同意后方可办理联程急件货物的发运。限定时间运输的货物，由托运人与承运人约定运抵日期并在货运单上注明。承运人应当在约定的期限内将货物运抵目的地。

二、运输路线的安排

（1）运输路线的选择应当合理、经济、迅速，对几种方案加以权衡，

择优而定。

（2）凡有直达航班的，均应由直达航班运送货物，尽量避免迂回倒置运送及不合理中转，有紧急货物需迂回以加快运输速度时，必须经过运输路线上有关航站同意。

（3）如果直达航班的班次较少，利用联程航班中转速度较快时，可交联程航班运送。各航站在一般情况下应根据运程合理的原则选择货物的联程地点及衔接航班。

（4）需要分批发运的货物，应尽量沿着同一运输路线，而不要分几条运输路线发运，以免造成运输混乱。

三、吨位控制

吨位控制就是根据货物的性质、急缓程度和收益大小，有计划地安排舱位，并合理地利用每一航段的最大吨位，充分发挥航班运输的快捷性，有效地提高运输服务质量，争取收益最大化。吨位控制的基本要求有以下几点：

（1）航空公司吨位控制部门必须对舱位进行科学管理，并且要了解和掌握货物的重量、体积、尺寸，以及占用集装箱、集装板的数量。

（2）对急件和鲜活货物等紧急时效性货物应当优先留出吨位，以确保货物及时运出。

（3）对于联程运输的货物，应当考虑中转站的运输能力；对于特种货物，应当征得中转站的同意并订妥舱位才能运输。

（4）中转站的吨位控制部门如果接受了始发站的订舱要求，则应按照始发站要求预留吨位，已经定妥吨位的货物，进港部门必须在航班起飞前2小时与出港配载部门交接。

四、货物分批运输

一份民航货运单的货物应当尽可能使用同一班机运送，如果因为运力等情况的限制，一批货物不能一次运抵目的站，则可以分多批次运输。分批发运的货物应当尽量减少分批次数，以免增加工作手续和发生差错。分批运输的货物，原则上原货运单跟着第一批货物同时到达目的站，货运单副本可跟其他批次货物到达目的站。

国内货物分批运输，应当填制分批发运单（如图2-17所示）。分批发运单一式两联，一联留出发站作为处理下批货物发运的依据，一联随每批货物运至到达站作为承运的凭证。

航班号				飞机号		日期	
		本批				待运	
批次	件数	重量	体积或尺寸	件数	重量		体积或尺寸
经手人				发运站			
				运单号			

图2-17 分批发运单

提示：分批发运的货物，每批货物发运前都要过称，清点件数，填写分批发运单，如果分批发运的联程货物在联程站照单全部转运，联程站可以将原分批发运单随货运出，不必另开单。

五、中转货物运输

中转货物运输是指经由两个或两个以上的航班运送才能到达目的站的货物运输。

（一）中转货物运输的一般规定

（1）始发站应根据运力、机型等情况有计划地收运货物，成批货物要经过后续航站的同意，并且后续航站应当做好转运准备。

（2）活体动物、鲜活易腐物品等特种货物一般不办理中转货物运输业务，特殊情况时，需要事先向中转站订妥转运航班和舱位。飞机起飞后，要向中转站、目的站发报告知。

（3）始发站需要根据中转站的机型和装卸条件填开民航货运单，运费一次性收清。

（4）针对分批货物的中转，可以根据始发站的要求，分批到达、分批中转，也可以整票货物到齐后一次中转。

（5）中转站接受中转货物时应当对下列项目进行检查：

①货物包装、封志是否完好。
②货物的件数与中转舱单和货运单是否相符。
③鲜活易腐物品是否出现异常,是否适合继续运送。
④活体动物的状态是否良好。
⑤货物运输路线是否正确。
⑥货运单等文件是否齐全。
⑦货运单"储运注意事项"栏是否有特殊要求,是否符合承运人的规定。

(6) 凡发现内装货物破损、包装问题等异常情况,应及时填写事故记录,并发报向有关航站查询,并设法弥补差错,整修包装,以便续运。如果货物(包装)破损严重,继续发运可能会加大货物破损程度,应停止转运,并发报告知始发站货物破损情况,转告托运人提出处理意见,并将处理情况记录移交查询部门备案,以便进行后续处理。

课堂练习

某机场货运部工作人员检查货物装运情况时,发现有件货物外包装破损。经查,该货物是目的站为重庆的中转货物,货物品名为电脑配件,纸箱包装,分有外包装和内包装层。由于货物在始发站时外包装加固不严,封口只用不干胶局部粘贴,导致货物在本站卸机时个别封口不干胶脱落,货物开包。请问该工作人员应如何处理,才能确保货物安全运送到重庆?

(二) 中转舱单

中转舱单(如图2-18)是承运人在转交中转货物时所填写的文件,经接收承运人签字后,成为承运人运输货物和承运人之间财务结算凭证之一,同时,它也是判别货物损失和延误责任的重要依据。

AWB NUMBER 货运单号码	AWB DESTINATION 货运单目的地	NUMBER OF PACKAGES 货物件数	WEIGHT (KG) 货物重量	REMARKS 备注

TRANSFERRED BY 交接承运人：_____
　　　　　　　　　（TRANSFERRING CARRIER）
　　　　　　　　　（航空公司名称）

ABOVE CONSIGMENT(S) RECEIVED IN FULL AND APPARENT GOOD AND CONDITION EXCEPT AS NOTED IN THE REMARKS COLUMN. 上述货物除在说明内声明外，接到时完好无损。
RECEIVED BY 接运承运人：_____
　　　　　　　　　（RECEIVING CARRIER）
　　　　　　　　　（航空公司名称）

BY 经手人：_____
　　　　　（SIGNATURE）
　　　　　（签名）
TIME 时间：_____ DATE 日期：_____

BY 经手人：_____
　　　　　（SIGNATURE）
　　　　　（签名）

DISTRIBUTION 分配
ORIGINAL 原件（WHITE 白色）—TRANSFERRING (REVENUE ACCOUNTING) 递交运承运人财务结算部门
COPY 2 第二联（PINK 粉红色）—TRANSFERRING (STATION PILE) 中转站留存
COPY 3 第三联（YELLOW 黄色）—RECEIVING CARRIER (REVENUE ACCOUNTING) 递接运承运人财务结算部门
COPY 4 第四联（GREEN 绿色）—RECEIVING CARRIER (STATION PILE) 目的站留存

图 2-18　中转舱单

课后练习

一、填空题

1. 国内货物分批运输，应当填制_____。
2. 承运人在转交中转货物时应填写_____。

二、简答题

1. 简述民航货物的发运顺序。
2. 民航货物运输中的吨位控制有哪些要求？

任务二 民航货物到达与交付

学习目标

1. 掌握民航货物到达与交付的业务流程。
2. 能熟练操作民航货物的到达与交付作业。
3. 能准确计算各种货物的保管费用。

一、到达货物的接收

货物按照约定的条件和时间到达目的站后,目的站机场工作人员必须做好接机准备,接机准备主要涉及以下工作。

(一)接取业务袋

目的站工作人员必须掌握当日航班动态信息,依据所接收的航班信息,认真做好记录,及时接取业务袋(业务袋中通常包括货运单、货邮舱单等运输文件),并根据飞机配载平衡图填制卸机单(如图2—19)。卸机单一式两份,由卸机人员签名后留存一份。卸机单与货邮舱单一起留存。

航班		飞机		年 月 日	
	行李		邮件		货物
载重表件数					
实卸件数					
特种货物					

图2—19 卸机单

(二)监卸

监卸人员应当根据飞机载重电报或者货邮舱单,监督卸机人员把货物卸下飞机,直到运送至仓库为止。

(三)分拣

分拣是指根据货邮舱单和民航货运单核对货物,并按照货物的性质、件数、流向或者民航货运单的号码尾数等将货物分别放至规定货位的操作流程。分拣程序包括货运单的分拣和货物的分拣。

1. 货运单的分拣

承运人根据航班的货邮舱单,确认并核对货运单是否齐全,然后根据货运单所列收货人的地址和货物性质等进行分拣。

相关工作人员需在每份货运单的正本上加盖或书写到达航班的航班号和日期,认真审核货运单,注意货运单上所列目的站、代理公司、品名和储运注意事项等,并将联程货运单交中转部门。

2. 货物的分拣

在货物卸机完毕后,根据货运单将货主自行提取、运往市区货主提取或送交代理人的货物分别存放,并分别填写到达货物交接清单(如图2-20)。送往市区的货物应尽量当日送,最迟不超过12小时。

到达站: _____ 日期: ___年___月___日 编号: _____									
货运单号码	件数	重量	发运站	航班号	交货人	接货人	提货日期	提货人	发货人
合计			交货人			接货人			

图2-20 到达货物交接清单

飞机到达的2小时内必须根据货邮舱单和民航货运单将货物分拣完毕,最迟不超过4小时。如果发现运输不正常,应立刻通知查询部门电告前方站和始发站,后续的查询工作均以此为依据。对特种货物进行分拣时,应注意特种货物的特性,适当给予特殊照顾。

(四)仓储

仓储是指货物收运后或交付货主前将其入库保管。通常,到达货物可

按照货运单尾号或件数存放。特种货物存放时,应根据其性质考虑储存温度,如普通货物仓储(不受温度限制)、冷藏库温度(0℃~5℃)、冷冻库温度(-20℃~5℃)、暖库温度(5℃~20℃)。

二、发出到货通知

货物运送到目的站之后,除另有约定外,承运人或其代理人应及时向收货人发出到货通知。到货通知主要有电话通知和书面通知两种。到货通知的一般规定如下:

(1)急件货物的到货通知应在货物到达的2小时内发出。

(2)对于能够预知收货人名称及到达时间的货物,如包机货物等,可在预知飞机到达时间后即通知货主提货。

(3)普通货物的到货通知应在货物到达机场或者市区货运处后24小时内发出。

(4)如果货运单没有随货物到达,应当根据货物包装的发货标志通知收货人提货。如有疑问,应当发电查询情况或待收到货运单后再做处理,以避免通知错误。

(5)在发出到货通知5天后,如果收货人没有提货,应当再次发出到货通知。

课堂练习

航班运送一批急件货物,预计13:50到港,实际14:10到港,承运人17:20向收货人发出到货通知。请问承运人的做法是否合理?为什么?

三、货物交付

货物交付是指收货人验收货物并在民航货运单上签字的全过程。

(一)货物收费

承运人交付货物时要仔细检查收货人的证明和文件,以防被冒领、错领。同时,要计算收取的相关费用。

1. 保管费

(1) 普通货物:自承运人发出到货通知的次日起免费保管3天,分批到达的普通货物的免费保管期限从通知提取最后一批货物的次日起计算。超过免费保管期限的货物,每日每千克收取保管费人民币0.10元,保管期不满1日按1日计算。每份货运单最低收取保管费人民币5元。

(2) 贵重物品:自贵重物品到达目的站的次日起,每日每千克收取保管费人民币5元,保管期不满1日按1日计算。每份货运单最低收取保管费人民币50元。

(3) 危险物品:自承运人发出到货通知的次日起免费保管3日。超过免费保管期限的货物,每日每千克收取保管费人民币0.50元,保管期不满1日按1日计算。每份货运单最低收取保管费人民币10元。

(4) 需要冷藏的鲜活物品,低温、冷冻物品:自航班到达后免费保管6小时,超过6小时,每日每千克收取保管费人民币0.50元,保管期不满1日按1日计算。每份货运单最低收取保管费人民币10元。

课堂练习

一票分批货物,品名为图书,20件,300kg。6月7日,第一批货物到达,8件,120 kg;第二批货物6月10日到达,12件,180kg,于当天规定期限内通知收货人提货。6月17日,收货人到机场提取该票货物。收货人应交多少保管费?

2. 被扣留货物的收费

货物被检察机关扣留或因违章等待处理存放在仓库中,应当由收货人或托运人支付保管费和其他相关费用。

(二) 清点交付

承运人应当按货运单列明的货物件数清点后交付收货人。发现货物短缺、损坏时,应当会同收货人当场查验,必要时填写运输事故记录单(如图2—21)。运输事故记录单由双方签字或盖章。收货人提货时,对货物外包装或重量如有异议,应当场提出查验或者重新过秤核对。收货人提取货物并在货运单上签字而未提出异议,则视为货物已经完好交付。

```
编号：
货运单或邮件单号码
托运人地址
收货人地址
货物品名 _____        件数/重量
受损品名 _____        件数/重量
货物价值 _____        损失价值
事故类别      （1）货物损坏   （2）包装破损   （3）丢失   （4）受潮   （5）其他

事故发生或发现地点 _____ 日期 _____ 航班 _____
事故主要情况 _____
_____
_____
_____

事故处理情况 _____
_____
_____

填写单位                经办人（签字）
日  期                  收（发）货人（签字）
注：（1）此记录只作为YL与托运人/收货人之间对货物运输事故的证明和以后处理依据，不涉及对责任
       的确认。
    （2）此表填写一式两份，一份留存，一份交托运人/收货人。
```

图2-21 运输事故记录单

（三）分批货物的交付

国内运输的分批货物，如果有前站的分批发运单或电报，到达站可以将到达的货物分批交付给收货人，但须做好记录。如果没有前站的分批发运单或电报，必须等单、货到齐后才能办理货物交付手续。货物交付完成后，到达站应将已交付货物的货运单逐日整理并按日期装订，妥善保存。

课堂练习

2019年4月28日，上海浦东国际机场接到进港航班预报，将有一批货物于当日20:20到港。请完成该票货物的到达与交付业务。假如上海百联集团于7日后提货，请计算其需缴纳的保管费。

课后练习

一、填空题

1. 监卸人员应当根据_____或者_____，监督卸机人员把货物卸下飞机，直到运送至仓库为止。

2. 承运人交付货物发现货物短缺、损坏时，应当会同收货人当场查验，必要时填写_____，并由双方签字或盖章。

二、单项选择题

1. 飞机到达的 2 小时内必须根据货邮舱单和民航货运单将货物分拣完毕，最迟不超过（　　）小时。
   A. 4　　　　B. 6　　　　C. 12　　　　D. 24

2. 特种货物存放时，应根据其性质考虑储存温度限制，冷冻库温度应控制在（　　）。
   A. 0℃～5℃　　B. −20℃～5℃　　C. 5℃～20℃　　D. 5～10℃

3. 普通货物自承运人发出到货通知的次日起免费保管（　　）天。
   A. 1　　　　B. 3　　　　C. 5　　　　D. 10

4. 贵重物品每份货运单最低收取保管费人民币（　　）元。
   A. 5　　　　B. 10　　　　C. 20　　　　D. 50

三、简答题

简述到货通知的一般规定。

模块三　民航货物运输费用

项目一　国内民航货物运输费用

任务一　国内民航货物计费重量

学习目标

1. 理解实际重量、体积重量和计费重量的概念。
2. 掌握货物计费重量的计算方法,并能准确计算货物的计费重量。

计费重量是指用以计算民航货物运输费用的重量。货物的计费重量或者是货物的实际重量,或者是货物的体积重量,或者是较高重量分界点的重量。

一、实际重量

实际重量即俗称的毛重,是指包括货物包装在内的货物重量,是收运货物时用衡器量得的重量。用实际重量作为计量单位的是那些重量大而体积小的货物,如机械、金属零件等,这些货物称为重货。

国内运输中,实际重量以 kg 为单位,重量不足 1kg 的尾数四舍五入。每份民航货运单的货物重量不足 1kg 时,按 1kg 计算。贵重物品的实际重量以 0.1kg 为单位,0.1kg 以下四舍五入。

二、体积重量

货物体积大,重量相对小的,称为轻泡货。凡重量 1kg,体积超过 6000cm^3 或 366in^3 的均为轻泡货物。轻泡货物以体积重量作为计费重量。

体积重量是指将货物的体积按一定的比例折合成的重量,换算标准为每 6000cm^3 折合为 1kg。即:

体积重量(kg)=货物体积(cm^3)÷6000(cm^3/kg)

无论货物的形状是否为规则的长方体或正方体,计算货物体积时,均以最长、最宽、最高的三边的长度计算。国内运输中,长、宽、高以 cm 为单位,小数部分按四舍五入取整;体积重量以 kg 为单位,不足 1 kg 的尾数四舍五入。由于货舱空间体积的限制,一般低密度的货物即轻泡货物的计费重量应采用体积重量。

提示:货物的体积不是按照货物本身的实际体积计算,而是按照货物实际占用的空间来计算,所以均以最长、最宽、最高的三边的长度来计算。

[例 3-1] 一件货物的尺寸为 150.2cm×125.5cm×100.6cm,该货物的体积重量是多少?

[解] 体积=150×126×101=1908900(cm^3)

体积重量=1908900÷6000=318.15≈318(kg)

🔍 课堂练习

下面三件货物的体积重量为多少?

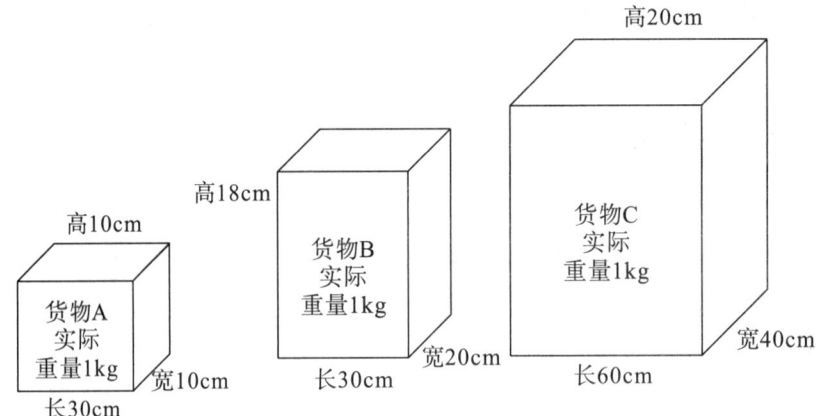

三、计费重量的确定

确定计费重量的方法如下:

(1) 称量货物的实际重量,要保留到小数点后两位,然后将实际重量进行进位。

(2) 计算货物的体积重量。

(3) 比较体积重量和实际重量,取高者作为计费重量。

(4) 在做集中托运时,一批货物由几件不同的货物组成,有轻泡货物也有重货,其计费重量则采用整批货物的总毛重,或总的体积重量,按两者之中较高的一个计算。

[例3-2] 有一圆柱体形状的货物,底面直径为40cm,高为100cm,实际重量为35kg,该货物的计费重量是多少?

[解] 体积重量 = 40×40×100÷6000 = 26.67 ≈ 27 (kg)

体积重量27kg小于实际重量35kg,所以该货物的计费重量为35kg。

[例3-3] 一张货运单上有两件货物,其中,A货物1箱,30kg,尺寸为 90 cm×50cm×70cm;B货物1桶,60kg,尺寸为 50cm×50cm×120cm。请计算该票货物的计费重量。

[解] (1) 计算该票货物的总体积:

A货物的体积为:90×50×70 = 315000 (cm³);

B货物的体积为:50×50×120 = 300000 (cm³);

总体积为 615000cm³。

（2）计算该票货物的总体积重量：

615000÷6000＝102.50≈103（kg）

该票货物总的实际重量是 90kg，总的体积重量是 103kg，因此计费重量是 103kg。

课堂练习

在民航运输的货物中，哪些货物应采用实际重量作为计费重量，哪些货物应采用体积重量作为计费重量？

课后练习

一、单项选择题

1. （　　）即俗称的毛重，是指包括货物包装在内的货物重量。

A. 实际重量　　　　　　　B. 体积重量

C. 净重　　　　　　　　　D. 计费重量

2. 贵重物品的实际重量以（　　）为单位。

A. 1 kg　　　　　　　　　B. 0.1kg

C. 0.01kg　　　　　　　　D. 0.001kg

3. 体积重量的换算标准为每（　　）折合为1kg。

A. 3000cm³　　　　　　　B. 5000cm³

C. 6000cm³　　　　　　　D. 8000cm³

二、计算题

1. 某件货物的最长、最宽、最高的三边分别为 86.5cm、52.3cm、25.8cm，实际重量为 26kg。请计算该货物的计费重量。

2. 一票货物有两件货物，其中，A 货物1箱，30kg，尺寸为 90cm×60cm×70cm；B 货物1箱，40kg，尺寸为 50cm×50cm×80cm。请计算该票货物的计费重量。

任务二 国内民航货物运价

学习目标

1. 了解民航货物运价的分类。
2. 能确定不同货物所使用的民航货物运价。
3. 理解货物的最低运费。

承运人为运输货物,对规定的单位重量(或体积)收取的费用称为运价。民航货物运价仅指机场与机场之间的空中费用,不包括机场与市区之间、同一城市两个机场之间的地面运输费用及其他费用。民航货物运价,一般以始发地的本国货币公布,有的国家以美元计价。民航货物运价要使用填开货运单之日的有效运价;使用的运价与货物的运输方向一致,但不受货物实际运输路线的影响。

一、民航货物运价的种类

(一)按运价的制定方式划分

按运价的制定方式划分,民航货物运价可分为协议运价和公布运价。

1. 协议运价

协议运价是指航空公司与托运人签订协议,托运人保证每年向航空公司交运一定数量的货物,航空公司则向托运人提供一定的运价折扣。协议运价通常较公布运价低,但只能在协议双方或多方之间使用。

2. 公布运价

公布运价是指航空公司运价本上载明的运价,或其通过公开渠道对外声明的运价。

(二)按运价的组成划分

按运价的组成划分,民航货物运价可分为公布直达运价和非公布直达运价。

1. 公布直达运价

公布直达运价是指承运人直接公布的，从始发站机场直达目的地机场的运价。公布直达运价又可根据货物性质分为以下几种：

（1）普通货物运价：使用最为广泛的一种运价。当一批货物不能适用指定商品运价，也不属于等级货物时，就应该使用普通货物运价。

普通货物运价的分类如下：

①45kg以下的，运价类别代号为N（Normal Rates）；

②45kg以上（含45kg），运价类别代号为Q（Quantity Rate）；

③45kg以上的可分为100、200、250、300、500、1000、2000kg等多个收费重量分界点，但运价类别代号仍为Q。

（2）指定商品运价：在特定地区或航线上运输特定品名的货物而制定的货物运价，代码为C。对于一些批量大、季节性强、单位价值低的货物，航空公司可申请制定指定商品运价。公布指定商品运价时，同时公布最低重量。

（3）等级货物运价：等级货物运价是在普通货物运价基础上附加或附减一定百分比。附加或附减规则公布在TACT Rules 3.7中，运价的使用须结合TACT Rates Books一同使用。等级货物运价的代号有"S"和"R"两种，其中，"S"表示附加或者既不附加也不附减的等级货物运价，活体动物、贵重物品、灵柩、骨灰、汽车等等级货物运价属于此类；"R"表示附减的等级货物运价，书报杂志、作为货物运输的行李等等级货物运价属于此类。适用等级货物运价的货物通常有：

①活体动物、活体动物的集装箱和笼子。

②贵重物品。

③灵柩或骨灰。

④报纸、杂志、书籍、商品目录、盲人和聋哑人专用设备等。

⑤作为货物托运的行李。

其中①～③项，通常在普通货物运价基础上增加一定百分比；④～⑤项在普通货物运价的基础上减少一定百分比。

2. 非公布直达运价

如果始发站机场至目的地机场没有可适用的公布直达运价，则要使用

非公布直达运价。非公布直达运价包括比例运价和分段相加运价。

（1）比例运价：运价手册上公布的一种不能单独使用的运价附加数。当货物的始发站机场到目的地机场没有公布直达运价时，可采用比例运价与已知的公布直达运价相加构成适用运价。

例如，上海—（埃及）亚历山大

上海—开罗＋开罗—亚历山大

比例运价＝直达运价＋运价附加数

（2）分段相加运价：当货物的始发站机场至目的地机场既没有公布直达运价，也不能组成比例运价时，可以选择合适的运价相加点，按分段相加的办法组成全程运价。

（三）集装货物运价

集装货物运价指以集装箱、集装板作为一个运输单元进行货运销售时使用的货物运价，俗称包箱、包板价。集装货物运价适用于货物装入集装器交运而不另加包装的特别运价。使用集装货物运价时，集装器上所装货物不能超过航线机型对该类集装器的最大装载限重，超过部分按规定的费率收取运费。

包板、包箱仅限运输同一类货物，填写一份货运单，并且货运单只可出现一个托运人、一个收货人和一种货物品名。

表3-1是某航空公司制定的集装货物运价，我们以此为例，做简要说明。

表3-1 某航空公司的集装货物运价表

始发站	目的站	集装器类型	重量（kg）	基础运费（元）	逾重单价（元/kg）
北京	广州	P1P/P6P	2000	5400	2.6
		AVE/AKE	600	2100	3.4
		DPE	450	1600	3.5
北京	上海	P1P/P6P	2000	3600	1.6
		AVE/AKE	600	1400	2.1
		DPE	450	1100	2.2

使用P1P/P6P集装板时，计费重量相同。每一块集装板上所装货物高度不超过162cm。当每一个集装器上所装货物重量超过规定重量时，超出部分的货物在包箱、包板运费基础上加收运费，加收运费按照上表"逾重单价"栏所列明的运价计算。

二、民航货物运价使用原则

（1）优先使用双边协议运价。

（2）直达货物运价优先于分段相加组成的运价。

（3）指定商品运价（特种货物运价）优先于等级货物运价和普通货物运价。

（4）等级货物运价优先于普通货物运价。

（5）无公布直达运价时，比例运价优先于分段相加运价。

三、民航货物运费支付方法

（1）在中国境内，民航运费和其他费用用人民币支付。

（2）确有需要定期记账的个别托运人，经承运人同意后签订协议，运费可以记账，但最少每月结算一次。记账的货运单，应在第二联（出票人联）加盖"记账"的戳印。

（3）除非托运人与承运航空公司另有约定，否则应使用现金、支票或杂费证（MCO）支付货物费用。

（4）中国境内承运人一般不办理运费到付业务。

（5）在国内运输中，运价进位到"角"，"角"以上四舍五入。货物运费的结算单位为"元"，"元"以下四舍五入，由托运人在托运货物时付清。发生在货物运输过程中或目的站的与运输有关的费用由收货人在提取货物前付清。

四、民航货物运输最低运费

某两点间货物运输按适用运价乘以计费重量计得的民航货物运费，不得低于某一限额，此限额为民航货物运费最低收费标准，称为"最低运费"（Minimum Charge，运价代号为M），也称"起码运费"。

民航货物运输
MINHANG HUOWU YUNSHU

在国内运输中，普通货物每份货运单的最低民航货物运费为人民币30元。等级货物最低民航货物运费按普通货物最低运费的150%计算，即按人民币45元收取。如经民航局和航空公司特别批准，亦可调整某类货物或航线的最低运费。

资料：

国内民航货物运价体系

1971年以前，中国民航货物运价的计价方法是以客票价为基础，按客货运价之间的一定比率求得货物实际运价。因此，每次调整旅客运价时，货物运价也做了相应调整。在1971年3月民航大幅度调整运价时，国内货物、邮件、行李运价均以1967年价格为准做调整。此后，货物、邮件、行李运价与旅客运价完全脱钩，改为以货物运价作为邮件、行李的基础运价。货物每吨公里运价沿铁路线为0.65元，不沿铁路线为0.80元。货物与邮件运价的比率为1∶1.69；货物与行李运价的比率为1∶1.25。

1974年，国内旅客运价实行两种票价时，货物运价也分为两种：第一种货物运价按原规定不变，只适用于国内居住的我国公民；第二种货物运价，45kg以下货物每千克按客票价的0.8%计算，45kg以上货物每千克按客票价的0.6%计算，适用于外国公民及港澳台同胞。国内两种货物运价与客票价同时于1984年9月起取消，第一种运价改为折扣运价，第二种运价改为公布运价。从1998年9月1日起，国内航线货物运价执行新运价执行。

课后练习

一、填空题

1. 按运价的制定方式划分，民航货物运价可分为_____和_____。

2. 对于批量大、季节性强、单位价值低的货物，航空公司可申请建立_____运价。

3. 非公布直达运价包括_____和_____。

二、单项选择题

1. ( ) 是指航空公司运价本上载明的运价,或其通过公开渠道对外声明的运价。

  A. 协议运价   B. 公布运价

  C. 公布直达运价   D. 非公布直达运价

2. 在国内运输中,等级货物运价通常是在普通货物标准运价基础上增加( )。

  A. 10%   B. 20%   C. 30%   D. 50%

3. 国内运输中,普通货物每份货运单的最低民航货物运费为人民币( )元。

  A. 10   B. 30   C. 50   D. 80

三、简答题

简述民航货物运费支付方法有的种类。

任务三 国内民航货物运费计算

学习目标

掌握国内民航货物运费的计算方法。

民航货物运费是指航空公司将一票货物，自始发地机场运至目的地的机场所收取的民航运输费用。这一费用根据每票货物所使用的运价和货物的计费重量计算得出。

一、国内民航货物运费的计算方法

民航货物运费的计算公式为：

民航货物运费＝货物的计费重量×适用的货物运价

在计算民航货物运费时，应注意按照"从低原则"计算民航货物运费，即当货物计费重量接近某个重量分界点的重量时，将根据货物计费重量和对应的货物运价所计算出的民航货物运费与根据该重量分界点的重量和对应的货物运价所计算出的民航货物运费相比较，取其低者。

二、国内民航各种货物运费的计算

（一）普通货物最低运费计算

[例3-4] 托运人交运一票从广州发往成都的货物，毛重3.1kg，货物品名为服装样品，包装为纸箱，尺寸为20cm×30cm×20cm。请计算该票货物的民航货物运费。

公布运价如下：

运价：M	30.00
N	6.70
45	4.00
100	2.30
300	2.00

[解] 货物体积：20×30×20＝12000（cm³）

体积重量：12000÷6000＝2.0（kg）

实际重量：3.1（kg）

计费重量：3kg

运价：N运价 6.70元/kg

民航货物运费：6.70×3＝20.10（元）

以N运价计得的运费低于最低运费（M）30元，所以此票货物运费应提高至最低运费30元。

（二）普通货物重量分界点运费计算

[例3-5] 托运人交运一票（2件货物）从广州运往北京的货物，毛重39.8kg，货物品名为印刷品，包装为纸箱，尺寸为40cm×40cm×30cm。请计算该票货物的民航货物运费。

公布运价如下：

运价	
M	30.00
N	8.60
45	6.50
100	4.50
300	3.50

[解] 货物体积：40×40×30×2＝96000（cm³）

体积重量：96000÷6000＝16kg

实际重量：39.8（kg）

计费重量：40kg

运价：N运价 8.60元/kg

　　　Q45运价 6.50元/kg

民航货物运费：N 8.60×40＝344（元）

　　　　　　　Q45 6.50×45＝292.50≈293（元）

根据运费计算的从低原则，使用Q45运价计得的运费低于使用N运价计得的运费。

适用运价：Q45 6.50元/kg

民航货物运费：人民币293元

（三）普通货物体积重量和运价分界点运费计算

[例3-6] 托运人交运一票（8件货物）从沈阳运往上海的货物，毛

重220kg，货物品名为仪器，包装为纸箱，尺寸为50cm×60cm×65cm。请计算该票货物的民航货物运费。

公布运价如下：

运价：	
M	30.00
N	6.60
45	5.30
100	4.60
300	4.00

［解］货物体积：$50×60×65×8=1560000$（cm³）

体积重量：$1560000÷6000=260$kg

实际重量：220kg

计费重量：260kg

运价：Q100 运价　　4.60 元/kg

　　　Q300 运价　　4.00 元/kg

民航货物运费：Q100　　$4.60×260=1196$（元）

　　　　　　　Q300　　$4.00×300=1200$（元）

根据运费计算的从低原则，使用 Q100 运价计得的运费低于 Q300 运价计得的运费。

适用运价：Q100　4.60 元/kg

民航货物运费：人民币 1196 元

（四）指定商品运费计算

对于相同的航程，当一种货物可同时按指定商品运价和普通货物运价计算运费时，如果货物的重量满足指定商品运价的条件，则优先使用指定商品运价；如果货物的重量没有满足指定商品运价的条件，则先用较低重量点的普通货物运价，再与较高重量点的指定商品运价相比较，取其低者。

［例3-7］托运人交运一票（10件货物）从烟台运往上海的货物，毛重550kg，货物品名为海鲜，包装为泡沫箱，尺寸为60cm×70cm×50cm。请计算该票货物的民航货物运费。

公布运价如下：

运价:	M	30.00
	N	4.70
	45	3.80
	100	1.60
	300	1.50
	500	1.4
	0300 (鲜货指定商品代号)	
	500	1.00

[解] 货物体积：60×70×50×10＝2100000（cm³）

体积重量：2100000÷6000＝350（kg）

实际重量：550 kg

计费重量：550 kg

适用运价：C0300　500　1.00元/kg

民航货物运费：1.00×550＝550（元）

课堂练习

把上题的货物毛重改为400kg，其他信息不变，计算该票货物的民航货物运费。

(五) 等级货物（鲜活易腐物品）运费计算

[例3-8] 托运人交运一票（3件货物）从沈阳运往厦门的货物，毛重15kg，货物品名为冻羊肉，包装为纸箱，尺寸为40cm×30cm×20cm。请计算该票货物的民航运费。

公布运价如下：

运价:	M	30.00
	N	9.50
	45	7.60
	100	6.70
	300	5.70

[解] 货物体积：40×30×20×3 ＝ 72000（cm³）

体积重量：72000÷6000＝12（kg）

实际重量：15kg

计费重量：15kg

运价：冻羊肉属于鲜活易腐物品，是特种货物，应使用等级货物运价N150％，即 9.50×150％＝14.25≈14.30（元/kg）

民航货物运费：14.30×15＝214.50≈215（元）

最低运费：特种货物的最低运费为 M150％，即 30×150％＝45（元）

该票货物的运费为人民币 215 元，高于最低运费 45 元，因此其民航货物运费为 215 元。

适用运价：N150％　14.30 元/kg

民航货物运费：人民币 215 元

（六）等级货物（贵重物品）运费计算

[例 3-9] 托运人交运一票从海口运往长春的货物，毛重 1.8kg，货物品名为天然珍珠，包装为木箱，尺寸为 30cm×20cm×10cm。请计算该票货物的民航货物运费。

公布运价如下：

运价：	M	30.00
	N	13.20
	45	10.60
	100	9.20
	300	7.90

[解] 货物体积：30×20×10＝6000（cm³）

体积重量：6000÷6000＝1（kg）

实际重量：1.8kg

计费重量：1.8kg

运价：天然珍珠属于贵重物品，是特种货物，应使用等级货物运价N150％，即 13.20×150％＝19.80（元/kg）

民航货物运费：19.80×1.8＝35.64≈36（元）

最低运费：特种货物的最低运费为 M150％，即 30×150％＝45（元）

该票货物的运费为人民币 36 元，低于最低运费 45 元，因此其民航货物运费为 45 元。

适用运价：N150％

民航货物运费：人民币 45 元

(七) 比例运价运费计算

[例 3-10] 一票货物从上海运往（埃及）亚历山大，计费重量为 15kg，上海到亚历山大没有公布直达运价，开罗－亚历山大运价附加数为 0.06EGP/kg。

公布运价如下：

```
运价  Chargeable Weight: 15kg, 1$=6.23RMB, 1$=7.13EGP
     SHANGHAI      CN      SHA
     Y.RMB         CNY     KGS
     CAIRO         EGP
     M             380.00
     N             72.93
     45            61.99
```

[解] 1$：6.23RMB   1$：7.13EGP

RMB：EGP＝0.8737：1

0.8737×0.06＝0.0584

72.93+0.0524＝72.9884

民航货物运费：72.9824×15＝1094.826≈1095（元）

(八) 运价分段相加组合运费计算

[例 3-11] 托运人交运一票（3 件货物）从海口运往梅县的货物，毛重 42kg，货物品名为文具用品，包装为纸箱，尺寸为 30cm×40cm×40cm。请计算该票货物的民航货物运费。

公布运价如下：

```
HAK—CAN运价： M    30.00    CAN—MXN运价： M   30.00
              N     3.50                  N    2.60
              45    2.80                  45   1.00
              100   2.50
              300   2.10
```

[分析] 海口－梅县没有公布直达运价，因此，采用广州作为运价组合点组成公布运价。

HAK－CAN 运价 N　3.50　Q45　2.80 ；CAN－MXN 运价　N　2.60　Q45　1.00

[解] 货物体积：30×40×40×3＝144000（cm³）

体积重量：144000÷6000＝24（kg）

实际重量：42kg

计费重量：42kg

运价组合：采用广州作为运价组合点，组成的公布运价为

N 3.50＋2.60＝6.10（元/kg）

Q45 2.80＋1.00＝3.80（元/kg）

民航货物运费：N　6.10×42＝256.20（元）

Q45　3.80×45＝171（元）

根据运费计算的从低原则，使用 Q45 运价计得的运费低于使用 N 运价计得的运费。

适用运价：Q45　3.80 元/kg

民航货物运费：人民币 171 元

（九）集装货物运费计算

［例3-12］托运人交运一票从北京运往广州的货物，货物品名为服装，采用 P1P 集装板形式运输，货物重量为 2600kg。请计算该票货物的民航货物运费。

［解］已知 P1P 集装板，2000kg 以内，基础运费为 5400 元，超出部分 600kg，按照 2.6 元/kg 的逾重费计算：600×2.6＝1560 元

总费用＝5400＋1560＝6960 元

课堂练习

李先生和王先生同时到北京某航空公司货运处托运两件货物到广州。李先生托运的货物为两只狗，容器和狗的总重量为 20kg，容器尺寸为 80cm×50cm×60cm；王先生托运的货物为冻牛肉，毛重也为 20kg，包装尺寸为 60cm×50cm×20cm。通过计算，货运处要求李先生支付的民航运费是王先生的两倍，李先生当场提出了疑问。请你帮忙分析并说明理由。

课后练习

1. 托运人交运一票从广州运往北京的货物，毛重 3.4kg，货物品名为印刷品，包装为纸箱，尺寸为 30cm×20cm×20cm。计算该票货物的民

航货物运费。

(运价：M：30.00　　N：8.60　　45：7.90)

2. 托运人交运一票（2件货物）从沈阳运往大连的货物，毛重60kg，货物品名为兰花，包装为纸箱，尺寸为80cm×80cm×60cm。计算该票货物的民航货物运费。

(运价：M：30.00　　N：2.70　　45：2.20　　100：1.90)

任务四　国内民航货运其他费用计算

学习目标

1. 理解货物声明价值附加费、民航保险费、地面运输费和退运手续费等概念。
2. 能计算货物声明价值附加费与地面运费等费用。

在航空公司或其代理人将收运的货物自始发地（或托运人手中）运至目的地（或提取货物后交给提货人）的运输组织过程中，除发生民航货物运费外，在运输始发地、中转地、目的地还经常发生与民航运输有关的其他费用，包括声明价值附加费、民航保险费、地面运输费、退运手续费等。

一、声明价值附加费

《中国民用航空货物国内运输规则》规定，托运人托运的货物，毛重每千克价值在人民币 20 元以上的，可办理货物声明价值，按规定缴纳声明价值附加费。其计算公式为：

声明价值附加费＝［声明价值－（实际重量×20）］×0.5％

提示：声明价值附加费的计算中使用的重量是实际重量，这一点一定要与运费计算区分清楚；国内声明价值附加费的费率通常为 0.5％。大多数航空公司在规定声明价值附加费率的同时还规定了声明价值附加费的最低收费标准。如果根据上述公式计算出来的声明价值附加费低于航空公司的最低标准，则托运人要按照航空公司的最低标准缴纳声明价值附加费。已办理托运手续的货物要求变更时，声明价值附加费不退。

资料：

海南航空公司推出托运行李声明价值服务

海南航空公司为提升乘客行李在运输途中的安全性及乘客托运行李时

的满意度,特别推出了一项新服务——托运行李声明价值服务。

据海南航空公司工作人员介绍,这项服务的具体内容是乘客委托行李托运时,对于行李所达目的地交付时的权益进行特别声明,当然这项服务需要支付一定的附加费,申请了这项服务可以在很大程度上保障行李在运输途中的安全。目前,这项服务在海南航空公司、大新华航空公司自营国内、国际和地区航班出港的地区范围内有效。

据了解,这项服务的推出背景是乘客行李在托运途中经常发生意外情况造成一定的经济损失,损失有时无法清晰界定责任方,因而时常引发矛盾纠纷。海南航空公司的这项服务很大程度上保证了乘客的行李财产安全,乘客普遍反映良好。

申请行李声明价值服务的乘客需要在办理乘机手续时提出,同时出具证明行李有效价值的发票原件及复印件等凭证,并且需要乘客签署"行李声明价值运输协议书",并缴付相应的附加费用。另外,航空公司对于行李的声明价值有最高限额,如果乘客的声明价值超过了这个最高限额,则不能按照声明价值的行李托运。这项服务的优势在于,一旦行李在运输途中发生意外造成经济损失,缴纳了行李声明价值附加费的行李可以获得比普通托运行李更高的经济赔偿。

二、国内民航保险费

在国内民航运输中,托运人可以要求办理民航货物运输保险。航空公司作为保险公司的代理方,可以根据货物的性质和易损程度,按照保险公司提供的保险费率表,为托运人办理民航货物运输保险。

托运人办理保险业务时,航空公司凭托运书填开货运单,将保险金额和保费填入货运单相应位置,加盖代理保险戳记。民航运输保险只在始发地办理,保险费需全部预付。托运人托运货物时,民航运输保险和声明价值两者取一即可。

资料:

中国人民保险公司费率表

第一类　一般物资:1‰。(即价值1000元的货物收取保险费1元)

这类物资本身属于非危险物品，受碰撞或包装破裂时，所装物资未受明显影响或者有一定损失但不显著。如机器设备、一般金属原材料、电子元器件、马达、中西药材、10cc 以下针剂药品等。

第二类　易损物资：4‰。

这类物资本身较易燃烧、破裂、渗漏、挥发等，包装破裂或所装物品一经碰撞就容易受损。如一般仪器仪表、家用电器、皮货、服装、印刷品、普通工艺品和较易挥发的物品等。

第三类　特别易损物资：8‰。

这类物资本身属于危险物品，或本身特别容易燃烧、破裂、渗漏、挥发等，包装破裂或所装的物品受碰撞后极易损坏，或者在其损坏后没有残余价值。如各种玻璃制品、石膏制品、高精密度仪表仪器、高精密度医疗器械、电子元件等。

三、地面运输费

地面运输费是指使用车辆在机场和市区货运处之间或者同城双机场之间运送货物的费用。对地面运输费的收取规定如下：

（1）在出发地使用车辆者，每千克（计费重量）收取人民币 0.20 元。

（2）在到达地使用车辆者，每千克（计费重量）收取人民币 0.20 元，该项费用由到达站收取，出发地不应计收到达地的地面运输费。

（3）不使用车辆者不收费。

（4）每份民航货运单最低地面运输费为人民币 5 元。

（5）对机场与市区货运处路程较远的到达地，可商请当地工商、税务等部门核准收取地面运输费的标准。

提示：地面运费双向收费。

四、退运手续费

在国内货物运输中，每份民航货运单的退运手续费为人民币 20 元。

五、燃油附加费

受世界原油市场价格的影响，承运人在某一段时期内针对某些航线将收取 0.2 元/kg 的燃油附加费，通常按货物的计费重量计收。燃油附加费随燃油价格的变化而变化，每份货运单的最低收费为 1 元。

六、超限货物附加费

托运人托运的货物，非宽体飞机单件重量超过 80kg 或尺寸超过 40cm×60cm×100cm，宽体飞机单件重量超过 250kg 或体积超过 100cm×100cm×140cm 的货物称为超限货物。超限货物的收运应考虑飞机货舱门的尺寸、始发站/中转站/到达站机场装卸设备的操作能力、飞机货舱地板承受力的大小等因素，并应按规定收取超限货物附加费。超限货物附加费的收费标准各航空公司有所不同，通常按表 3-2 标准收取（超限货物一律以计费重量计算）。

表 3-2 超限货物附加费收费标准

计费重量（kg）	计费标准（元/件）
81~100	3~5
101~200	10~20
201~300	20~30
300 以上	30~50

七、货运单工本费

国内货运单的工本费按 30 元/份收取，各航空公司收费标准不一，具体视情况而定。

八、活体动物收运检查费

活体动物收运检查费是指向托运人收取的活体动物检查费用。一般而言，每一份货运单最低收取人民币 50 元，当货物件数超过 5 件时，每增加一件加收 10 元，每份货运单最高收取人民币 100 元。

九、危险物品收运检查费

危险品收运检查费是指向托运人收取的危险品的检查、处理费用。每一份货运单收取人民币 400 元。枪支运输检查费与危险物品检查费执行同一标准。

课后练习

一、单项选择题

1. 民航运输保险只在（　　）办理，保险费需全部预付。

   A. 始发地　　　　　　　　B. 中转地

   C. 目的地　　　　　　　　D. 海关

2. （　　）是指使用车辆在机场和市区货运处之间运送货物的费用。

   A. 声明价值附加费　　　　B. 民航保险费

   C. 地面运输费　　　　　　D. 退运手续费

3. 每份民航货运单最低地面运输费为人民币（　　）元。

   A. 3　　　　　　　　　　　B. 5

   C. 10　　　　　　　　　　 D. 20

4. 在国内货物运输中，每份民航货运单的退运手续费为人民币（　　）元。

   A. 3　　　　　　　　　　　B. 5

   C. 10　　　　　　　　　　 D. 20

二、计算题

某货主托运下列物品自上海至美国西雅图，货物品名及有关资料如下：(1) 一件重 38.5kg 的景德镇瓷器，运输声明价值人民币 320000 元；(2) 一件纺织品，可使用 SCR "2211" 代号；(3) 一面大型文艺演出用的鼓；(4) 两箱儿童读物。

问题：

1. 上述货物至少需要几张货运单？

2. 瓷器的民航货物运费是多少？运价资料如下：SHA—SEA　M：420.00　N：51.69　45：38.71 Construction exchange rate：1 美元＝人民币 8.35668 元

3. 鼓的直径为 180cm，高 150cm，其体积重量为多少？

4. 哪些货物的计费运价低于 GCR？

5. 由于承运人原因，景德镇瓷器丢失，承运人的赔偿限额是多少？

项目二　国际民航货物运输费用

任务一　国际民航货物计费重量与货币

学习目标

1. 了解国际民航货物计费重量，能准确计算国际民航货物的计费重量。

2. 熟悉国际民航货物运输中的货币代号和货币进位方法，能对国际民航货物运输计算中的货币进行准确进位。

3. 了解国际民航货物运输的最低运费。

一、国际民航货物计费重量

（1）国际民航货物运输中，货物的长度单位有 cm（厘米）和 in（英寸），进位方法为第一位小数四舍五入，保留到整数位。

（2）国际货物的重量单位有 kg（千克）和 b（磅）两种。其中 kg 的最小记重单位为 0.5kg，重量尾数不足 0.5kg 的，按 0.5kg 计算；0.5kg 以上不足 1kg 的，按 1kg 计算。例如，100.001kg 进位后为 100.5kg，100.501kg 进位后为 101kg。如果货物的计费重量以 b 表示，当货物不足 1b 时，按 1b 计算。

（3）计算国际货物体积重量时，换算标准为每 6000cm³ 折合为 1kg，或 366 in³ 折合为 1kg。

课堂练习

一件货物的长、宽、高分别为 85in、76in、46in，该货物的体积重量

为多少 kg?

二、国际民航货物运输货币

（一）货币代号

从 1990 年 1 月起，国际货运使用 ISO 制定的货币代号，该货币代号通常由国家两字代号和货币简称三个字母组成。例如，"CNY"表示人民币，其中"CN"是国家两字代号，表示"中国"，"Y"是货币简称，表示"元"。表 3-3 是部分国家或地区的货币代号。

表 3-3 部分国家的货币代号

货币名称	货币代号	货币名称	货币代号	货币名称	货币代号
人民币	CNY	美元	USD	日元	JPY
欧元	EUR	英镑	GBP	瑞士法郎	CHF
加拿大元	CAD	澳大利亚元	AUD	挪威克朗	NOK
瑞典克朗	SEK	丹麦克朗	DKK	韩国元	KRW
新西兰元	NZD	泰铢	THB	新加坡元	SGD

提示：货币代号的构成形式也有不规则的情况。例如，EUR 是欧元的货币代号，在加入欧元区的国家统一使用，它打破了传统的货币代号的构成方法。

（二）货币进位

民航国际货物航空运价及运费的货币进位因货币的币种不同而不同。TACT 将各国货币的进位单位和进位规则公布在 TACT Rules 5.7.1 中，进位规则分为最低运费进位规则和最低运费以外的运费进位规则两种。

货币进位的方法归纳如下：

(1) 当货币进位单位是 0.001、0.01、0.1、1 或 10 时，进位方法与四舍五入相似。例如，人民币的货币代号是 CNY，进位单位是 0.01，CNY59.028 进位后为 59.03，CNY59.021 进位后为 CNY59.02。

课堂练习

美元的货币代号是 USD，进位单位是 0.01。请问 USD358.726 和 USD357.363 进位后分别是多少？

（2）当货币进位单位是 0.005、0.05、0.50 或 5 时，以最小进位单位的一半为准，划分为三个进位区。以 0.50 为例，最小进位单位的一半为 0.25，以 0.25 的一倍 0.25 和三倍 0.75 为准划分进位区。当尾数小于 0.25 时舍去；当尾数大于等于 0.25 小于 0.75 时，进位为 0.5；当尾数大于等于 0.75 时，进位为 1。例如，澳大利亚元的货币单位是 AUD，进位单位是 0.05，AUD8.4862 的尾数 0.4862 大于 0.075，进位到 0.1，因此进位后为 AUD8.50。

课堂练习

安哥拉宽扎的货币代号是 AOA，进位单位是 0.05。请问 AOA532.4548 进位后是多少？

三、国际民航货物运输最低运费

国际民航货物运输中，公布地点的最低运费按 TACT Rates 4.3 运价公布表中公布的金额收取。根据 TACT Rules 3.4.2 的规定，TACT 未公布地点的最低运费按该表所列金额收取。

民航货物运输

课后练习

一、填空题

1. 国际民航货物运输中，货物的重量单位有_____和_____两种。

2. ISO 制定的货币代号通常由_____和_____三个字母组成。

二、单项选择题

1. 美元的货币代号是（   ）。

A. CNY   B. USD   C. EUR   D. JPY

2. 日元的货币代号是（   ）。

A. CNY   C. EUR   B. USD   D. JPY

任务二　国际民航货物运费计算

学习目标

1. 熟悉各种国际民航货物运费的计算方法。
2. 能根据公布直达运价准确计算各种国际民航货物的运费。

一、普通货物运费计算

普通货物运价是使用最为广泛的一种运价。通常，航空公司会对普通货物设置重量等级，不同的重量等级采用不同的运价，货物重量越大，适用的运价越低。

[例3-13] 一票货物的信息如下，请计算该票货物的民航货物运费。
Routing：BEIJING，CHINA（BJS）to ROME，ITALY（ROM）
Commodity：TYPEWRITER RIBBONS
Gross Weight：15.0kg
Dimensions：1 box　40cm×50cm×60cm
公布运价如下：

BEIJING	CN		BJS
Y. RENMINBI	CNY		KGS
ROME	IT	M	320.00
		N	45.72
		45	37.98
		100	36.00

[解] Volume：40×50×60＝120000（cm³）
Volume Weight：120000÷6000＝20.0（kg）
Gross Weight：15.0kg
Chargeable Weight：20.0kg
Applicable Rate：GCR　N　45.72CNY/kg

Weight Charge：20.0×45.72=CNY914.40

二、指定商品运费计算

通常情况下，指定商品运价低于相应的普通货物运价。就其性质而言，该运价是一种优惠性质的运价，在结算民航货物运费时，应优先考虑指定商品运价。使用指定商品运价，对货物运输的起讫地点、运价使用期限、货物运价的最低重量起点等均有特定的要求。

（一）指定商品的品名编号与分组

在 TACT Rates Books 的 Section 2 中，根据货物的性质、属性和特点等对货物进行分类，共分为 10 个大组，每个大组又分为 10 个小组。同时，对其分组形式用四位阿拉伯数字进行编号，该编号即为指定商品的品名编号。

0001～0999　edible animal and vegetable products
　　　　　　可食用的动物和植物产品

1000～1999　live animals and inedible animal and vegetable products
　　　　　　活体动物及非食用的动植物产品

2000～2999　textiles, fibres and manufactures
　　　　　　纺织品、纤维及其制品

3000～3999　metals and manufactures, excluding machinery, vehicles and electrical equipment
　　　　　　金属及其制品，但不包括机器、车辆和电气设备

4000～4999　machinery, vehicles and electrical equipment
　　　　　　机器、车辆和电气设备

5000～5999　non-metallic minerals and manufactures
　　　　　　非金属矿物质及其制品

6000～6999　chemicals and related products
　　　　　　化工材料及其相关产品

7000～7999　paper, reed, rubber and wood manufactures
　　　　　　纸张、芦苇、橡胶和木材制品

8000～8999　scientific, professional and precision instrument, apparatus and supplies

科学仪器、专业仪器和精密仪器、器械及配件

9000～9999　miscellaneous

其他货物

(二) 指定商品运价的使用规则

只要所运输的货物满足下列三个条件，运输始发地和目的地就可以直接使用指定商品运价：

(1) 运输始发地至目的地之间有公布的指定商品运价。

(2) 托运人所交运的货物品名与有关指定商品运价的货物品名相吻合。

(3) 货物的计费重量满足指定商品运价使用时的最低重量要求。

(三) 指定商品运费的计算

指定商品运费的计算步骤如下：

(1) 查询运价表，如有指定商品代号，则考虑使用指定商品运价。

(2) 查找 TACT Rates Books 中的 Section 2 的品名表，找出与运输货物品名相对应的指定商品代号。

(3) 如果货物的计费重量超过指定商品运价的最低重量，则优先使用指定商品运价。

(4) 如果货物的计费重量没有达到指定商品运价的最低重量，则需要比较指定商品运价和普通货物运价的计算结果，并选择数值较低者。

[例 3-14] 一票货物的信息如下，请计算该票货物的民航货物运费。

Routing：SHANGHAI, CHINA (SHA) to OSAKA, JAPAN (OSA)

Commodity：WORM

Gross Weight：24.1kg each (4 PCS)

Dimensions：4 boxes　42cm×60cm×46cm

公布运价如下：

SHANGHAI	CN	SHA	
Y. RENMINBI	CNY	KGS	
OSAKA	JP	M	230.00
		N	30.22
		45	22.71
	0008	300	18.80
	0300	500	20.61
	1093	100	14.72
	2195	500	18.80

[解]

(1) 按指定商品运价使用规则计算：

Volume：$42×60×46×4=463680$（cm^3）

Volume Weight：$463680÷6000=77.28≈77.5$（kg）

Gross Weight：$24.1×4=96.4$（kg）

Chargeable Weight：96.5kg

Applicable Rate：SCR 1093/Q100 14.72CNY/kg

Weight Charge：$100.0×14.72=CNY1472$

(2) 按普通货物运价使用规则计算：

Volume：$42×60×46×4=463680$（cm^3）

Volume Weight：$463680÷6000=77.28≈77.5$（kg）

Gross Weight：$24.1×4=96.4$（kg）

Chargeable Weight：96.5kg

Applicable Rate：GCR Q45 22.71CNY/kg

Weight Charge：$96.5×22.71=2191.515≈CNY2191.52$

比较（1）与（2），取运费较低者，因此该票货物的民航运费为CNY1472。

三、等级货物运费计算

IATA规定，对于等级货物运输，如果属于国际联运，并且参加联运的某一承运人对其承运的航段有特殊的等级货物百分比，即使运输起讫地点间有公布的直达运价，也不可以直接使用。此时，应采用分段相加的办法计算运输始发地至目的地的民航货物运费。

(一) 活体动物运费计算

IATA 在 TACT Rules 3.7.2 中公布了活体动物运价标准,如图 3—1 所示。使用时应注意,动物的容器和食物应包含在活体动物的计费重量中。

	IATA AREA (see Rule 1.2.2 "Definitions of Areas")					
	Within 1	Within 2 (see also Rule 3.7.1.3)	Within 3	Between 1&2	Between 2&3	Between 3&1
ALL LIVE ANIMALS Except: Baby Poultry less than 72 hours old	175% of Normal GCR	175% of Normal GCR	150% of Normal GCR Except: 1 below	175% of Normal GCR	150% of Normal GCR Except: 1 below	150% of Normal GCR Except: 1 below
BABYPOULTRY Less than 72 hours old	Normal GCR	Normal GCR	Normal GCR Except: 1 below	Normal GCR	Normal GCR Except: 1 below	Normal GCR Except: 1 below
Exception: Within and from the South West Pacific sub-area: 200% of the applicable GCR. (例外:在西南太平洋区域内或从该区域出发,运价为适用的GCR的200%。)						

图 3—1 活体动物运价标准

(1) "Normal GCR",使用 45kg 以下的普通货物运价,如果没有 45kg 以下的普通货物运价,可使用 100kg 以下的普通货物运价。此时,不需要考虑较高重量点的较低运价。

(2) "××% of Normal GCR",按 45kg(或 100kg)以下的普通百分比使用。

(3) "××% of Applicable GCR",使用与货物重量相适应的普通货物运价。

(4) 活体动物的最低运费按公布最低运费的 200% 收取(在 ECAA 国家之间运输的除外)。

[例 3—15] 一票货物的信息如下,请计算该票货物的民航货物运费。

Routing:AMSTERDAM, NETHERLANDS (AMS) to TAIPEI, TAIWAN (TPE)

Commodity:BABY POULTRY

Gross Weight:3.0kg

Dimensions:1 cage　40cm×30cm×30cm

公布运价如下:

```
AMSTERDAM        NL        AMS
EURO             EUR       KGS
TAIPEI           TW    M         68.07
                      N         17.20
                      45        13.00
                      100        4.23
```

［分析］查活体动物运价表，幼禽从阿姆斯特丹运往台北，属于自二区运往三区，所以，运价的构成形式是"Normal GCR"。

［解］Volume：$40 \times 30 \times 30 = 36000$（$cm^3$）

Volume Weight：$36000 \div 6000 = 6.0$（kg）

Gross Weight：3.0kg

Chargeable Weight：6.0kg

Applicable Class Rate：Normal GCR 17.20EUR/kg

Weight Charge：$6.0 \times 17.20 = EUR103.20$

Minimum Charge：$200\% \times 68.07 = EUR136.14$

因此，该票货物的民航货物运费为EUR136.14。

（二）贵重物品运费计算

贵重物品运价标准如图3-2所示：

```
Area:                                          Rate:
All IATA areas; excluding between countries    200% of the Normal GCR
in the ECAA
(within Europe see also Rule 3.7.1.3)
From                                           % of the Normal GCR
                                               / Charge per kg.
Exceptions alphabetically listed by country:
France to all areas                            250%
Russia to all areas (except Canada, USA)       300%
Russia to Canada, USA:
  a. consignments weighing up to 1 000kg.      300%
  b. consignments weighing 1 000kg. or over    200%
```

图3-2 贵重物品运价标准

（1）贵重物品按45kg以下普通货物运价的200%收取（在ECAA国家之间运输的除外）。另外，从法国始发，按45kg以下普通货物运价的250%收取。从俄罗斯出发（至加拿大、美国除外），按45kg以下普通货物运价的300%收取。从俄罗斯始发至加拿大、美国,如果货物重量小于1000kg,按45kg以下普通货物运价的300%收取;如果货物重量大于或者等于1000kg,则按普通货物运价的200%收取。

(2) 贵重物品的最低运费按公布最低运费标准的200%收取,并且不得低于50美元或其等值货币。

[例3-16] 一票货物的信息如下,请计算该票货物的民航货物运费。

Routing: BEIJING, CHINA (BJS) to TOKYO, JAPAN (TYO)

Commodity: GOLD COINS

Gross Weight: 50.0kg

Dimensions: 2 PCS　50cm×40cm×30cm

公布运价如下:

BEIJING	CN		BJS
Y. RENMINBI	CNY		KGS
TOKYO	JP	M	230.00
		N	37.51
		45	28.13
	0008	300	36.00
	0300	500	20.61
	1093	100	18.43
	2195	500	18.80

[解] Volume: 50×40×30×2=120000 (cm³)

Volume Weight: 120000÷6000=20.0 (kg)

Gross Weight: 50.0kg

Chargeable Weight: 50.0kg

Applicable Rate: 200% of Normal GCR

200%×37.51=75.02 (CNY/kg)

Weight Charge: 75.02×50.0= (CNY3751)

(三) 作为货物运输的行李运费计算

IATA公布的作为货物运输的行李运价标准如图3-3所示:

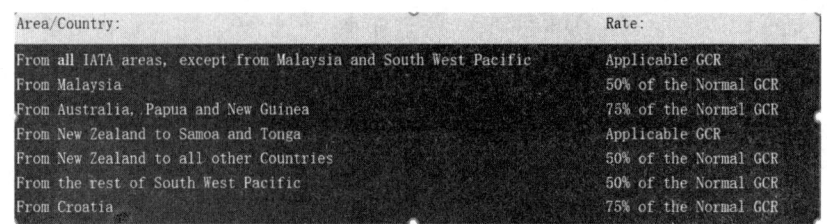

图3-3 作为货物运输的行李运价标准

（1）作为货物运输的行李运价适用于所有国家之间的运输（ECAA国家之间和国际航协欧洲分区所属国家之间除外）。

（2）从中国始发的以及世界上大部分国家的作为货物运输的行李运价为适用的普通货物运价。如果采用普通货物运价计算的结果低于采用作为货物运输的行李运价计算的结果，则应按照普通货物运价计算的结果收费。

（3）作为货物运输的行李的最低运费按公布的最低运费（M）收取。

［例3-17］一票货物的信息如下，请计算该票货物的民航货物运费。

Routing：SHANGHAI, CHINA（SHA）to SINGAPORE（SIN）

Commodity：PERSONAL EFFECTS

Gross Weight：15.0kg

Dimensions：1 case　60cm×40cm×30cm

公布运价如下：

SHANGHAI	CN	SHA	
Y. RENMINBI	CNY	KGS	
SINGAPORE	SG	M	230.00
		N	34.15
		45	25.56
		300	21.86

［解］Volume：60×40×30＝72000（cm^3）

Volume Weight：72000÷6000＝12.0（kg）

Gross Weight：15.0kg

Chargeable Weight：15.0 kg

Applicable Rate：34.15CNY/kg

Weight Charge：15.0×34.15=CNY512.25

四、混运货物运费计算

混运货物是指使用同一份货运单运输的货物中，包含有不同运价、不同运输条件的货物。混运货物中不得包含的物品有 TACT Rules 3.7.6 中规定的贵重物品、活体动物、灵柩、骨灰、外交信袋、作为货物运输的行李、机动车辆（电力自动车辆除外）等。

（一）混运货物的申报方式与计算规则

（1）申报整批货物的总重量（或体积）。

计算规则：混运的货物被视为一种货物，根据货物总重量确定一个计费重量。运价采用适用的普通货物运价。

（2）分别申报每一种类货物的件数、重量、体积及货物品名。

计算规则：按不同种类货物适用的运价与其相应的计费重量分别计算运费。

（3）如果混运货物使用一个外包装将所有货物合并运输，则该包装物的运输按混运货物中运价最高的货物的运价计收。

（二）混运货物的声明价值

混运货物只能按整票（整批）货物办理声明价值，不得办理部分货物的声明价值，或办理两种以上的声明价值。所以，混运货物声明价值附加费应按整票货物总的毛重计算。

（三）混运货物的最低运费

混运货物的最低运费按整票货物计收，即无论是整批申报还是分别申报的混运货物，将按其运费计算方法计得的运费与起讫地点间的最低收费标准相比较，取其高者。

（四）混运货物的运费计算

计算混运货物运费时，需按照整批申报和分别申报两种方法进行计算，比较算出的运费，取其低者。

［例3-17］一票货物的信息如下，请计算该票货物的民航货物运费。

Routing：SHANGHAI, CHINA（SHA）to OSAKA, JAPAN

（OSA）

Commodity：MAGAZINES, BEANS AND SAMPLES

Gross Weight：50.0kg，100.0kg AND 80.0kg

Dimensions：1 box　40cm×40cm×30cm

2 boxes　50cm×50cm×60cm

1 box　40 cm×60cm×70cm

公布运价如下：

SHANGHAI	CN	SHA	
Y. RENMINBI	CNY	KGS	
OSAKA	JP	M	230.00
		N	30.22
		45	22.71
	0008	300	18.80
	0300	500	20.61
	1093	100	14.72
	2195	500	18.80

［分析］这是一票混运货物，先按申报整批货物的总重量（或体积）计算运费，再按分别申报每一种类货物的重量计算运费，两者比较，取其低者。

［解］（1）按整批申报计算运费：

Total Gross Weight：50.0+100.0+80.0=230.0（kg）

Volume：40×40×30=48000（cm^3）

50×50×60×2=300000（cm^3）

40×60×70=168000（cm^3）

Volume Weight：(48000+300000+168000)÷6000=86.0（kg）

Chargeable Weight：50+100+80=230.0（kg）

Applicable Rate：GCR Q　22.71CNY/kg

Weight Charge：230.0×22.71=CNY5223.30

（2）按分别申报计算运费：

①MAGAZINES。

Volume：40×40×30=48000（cm^3）

Volume Weight：48000÷6000=8.0（kg）

Gross Weight：50.0kg

Chargeable Weight：50.0kg

Applicable Rate：50% of Normal GCR

50%×30.22＝15.11（CNY/kg）

Weight Charge：15.11×50.0＝CNY755.50

②BEANS。

A. 按指定商品运价计算。

Volume：50×50×60×2＝300000（cm³）

Volume Weight：300000÷6000＝50.0（kg）

Gross Weight：100.0kg

Chargeable Weight：300.0kg

Applicable Rate：C0008 300 18.80CNY/kg

Weight Charge：18.80×300.0＝CNY5640

B. 按普通货物运价计算。

Volume：50×50×60×2＝300000（cm³）

Volume Weight：300000÷6000＝50.0（kg）

Gross Weight：100.0kg

Chargeable Weight：100.0kg

Applicable Rate：GCR **Q** 22.71CNY/kg

Weight Charge：22.71×100.0＝CNY2271

经比较，该货物的运费为 CNY2271。

③SAMPLES。

Volume：40×60×70＝168000（cm³）

Volume Weight：168000÷6000＝28.0（kg）

Gross Weight：80.0kg

Chargeable Weight：80.0kg

Applicable Rate：GCR **Q** 22.71CNY/kg

Weight Charge：22.71×80.0＝CNY1816.80

三种货物的运费总和为：755.50＋2271.00＋1816.80＝CNY4843.30

按整批申报的货物运费为 CNY5223.30，分别申报的货物运费为

CNY4843.30，取其低者，因此该票货物的民航货物运费为 CNY4843.30。

课后练习

一、填空题

1. 等级货物运价是在普通货物运价基础上_____或_____一定百分比的形式构成。

2. 混运货物是指使用同一份货运单运输的货物中，包含有_____、_____的货物。

二、单项选择题

1. 以下货物中，（　　）应使用附减的等级货物运价。

A. 活体动物　　B. 贵重物品　　C. 尸体　　D. 书报杂志

2. 活体动物的最低运费按公布最低运费的（　　）收取。

A. 100%　　B. 150%　　C. 175%　　D. 200%

任务三 国际民航货运其他费用计算

学习目标

1. 掌握各种其他费用的计算方法及其在货运单中的填制方法。
2. 能准确计算其他费用,并据此填制民航货运单。

一、声明价值附加费

根据《华沙公约》,在国际货物运输中,航空公司对货物的丢失或延误的最高赔偿是毛重每千克 17 个 SDR(特别提款权),但有些国家有特殊的规定,具体参阅 TACT Rules 3.2。当托运人托运的货物毛重每千克的价值超过 20 美元或每磅 9.07 英镑或其等值货币时,可以办理货物声明价值,并按规定向承运人支付声明价值附加费。声明价值附加费的计算公式如下:

声明价值附加费=(声明价值-17SDR 与始发国货币兑换率×货物毛重)×0.75%

提示:国际民航货运中的声明价值附加费率较国内高。

二、货物退运手续费

中国国际民航货物运输中,每份民航货运单的退运手续费为人民币 40 元。

三、货运单费

各国货运单费的收费水平不尽相同,一般根据 TACT Rules 4.4 及各航空公司的具体规定来操作。中国每份国际货运单收取人民币 50 元。货运单费应填制在货运单的"其他费用"一栏,用代码"AW"表示。

四、运费到付服务费

在国际货物运输中,当货物的民航货物运费及其他费用到付时,在目的地的收货人除支付货物的民航货物运费和其他费用外,还应支付运费到付服务费。承运人以货运单上运费和声明价值附加费等费用总额的2%~5%向收货人收取运费到付服务费。

各个国家的运费到付服务费的收费标准不同,对于运至中国的运费到付货物,运费到付服务费的计算公式为:

运费到付服务费=(货物的民航货物运费+声明价值附加费)×2%

我国的运费到付服务费最低收费标准为人民币100元。

五、危险物品处理费

在国际货物运输中,对于收运的危险物品货物,除按危险品规则收取民航货物运费外,还应收取危险物品处理费,该费用必须填制在货运单的"其他费用"栏内,用"RA"表示费用种类。从中国始发至IATA一区、二区、三区,每票货物的最低收费标准均为人民币400元。

 课后练习

单项选择题

1. 中国国际民航货物运输中,每份民航货运单的退运手续费为人民币( )元。

    A. 10   B. 20   C. 40   D. 50

2. 货运单费应填制在货运单的"其他费用"一栏,用代码( )表示。

    A. AW   B. AC   C. AS   D. AT

模块四　特种货物运输

项目一　特种货物机长通知单

任务　填制特种货物机长通知单

学习目标

1. 了解特种货物机长通知单的样式。
2. 熟悉特种货物机长通知单的填写规范，能能准确填写特种货物机长通知单。

一、特种货物机长通知单的样式

根据 IATA 关于特种货物运输的规定，对于装载在飞机上的特种货物，货运部门必须在飞机起飞前向机长做出书面通知，即填写特种货物机长通知单（如图 4-1 所示）。

装机站[1]	航班号[2]	离港日期[3]	飞机注册号[4]		填写人[5]	监装人[6]
危险物品						
卸机站	货运单号码	运输专用名称	类别或项别（一类爆炸品的配装组）	UN或ID编号	次要危险性	包装件数	净重或运输指数	放射性物质等级或标签颜色	包装等级	代号	CAO（X）	装载	
												集装器编号	装载位置
[11]	[12]	[13]	[14]	[15]	[16]	[17]	[18]	[19]	[20]	[21]	[22]	[23]	[24]

*无证据表明任何具有破坏性或渗漏性的装有危险物品的包装件已经装载与本航空器

其他特种货物								
卸机站	货运单号码	货物品名及种类	包装件数	重量	附加说明	代号	装载	
							集装器编号	装载位置
[25]	[26]	[27]	[28]	[29]	[30]	[31]	[32]	[33]

装机人[7]	检查人[8]	机长签字[9]	其他需要说明的事项[10]

*机长通知单上必须体现这段话，具体位置由承运人自行决定

图 4-1 特种货物机长通知单

当空中出现紧急情况时，机长可以根据特种货物机长通知单将机上所装特种货物的种类、数量及装载位置通知地面有关机场，并采取相应措施。特种货物机长通知单最少应为三联，第一联为始发站联，由始发站留存；第二联由机组留存；第三联由到达站接收货物后留存。同时，可视运输情况增加副本。

提示：特种货物机长通知单必须用专用表格填写，不得使用货运单、托运人危险物品申报单或发票等其他表格代替。在收到通知单时，机长必须签收以表明自己已经收到。

二、特种货物机长通知单的填写

（一）通用栏目的填写

（1）装机站 [1]：填写装机站名称，使用 IATA 规定的机场三字代码。

（2）航班号 [2]：填写装载特种货物航班的航班号。

（3）离港日期 [3]：填写飞机的离港日期。

（4）飞机注册号 [4]：填写装载特种货物的飞机号码。

(5) 填写人 [5]：填写人签字。

(6) 监装人 [6]：集装器监装人签字。

(7) 装机人 [7]：货物监装员签字。

(8) 检查人 [8]：检查人员签字。

(9) 机长签字 [9]：此次航班的机长及交接机长签字。

(10) 其他需要说明的事项 [10]：填写需要另外说明的事项。

(二) 危险物品栏目的填写

(1) 卸机站 [11]：填写卸机站名称，使用 IATA 规定的机场三字代码。

(2) 货运单号码 [12]：填写货运单号码。

(3) 运输专用名称 [13]：填写危险物品运输专用名称。

(4) 类别或项别 [14]：填写危险物品类别或项别，如果是第一类爆炸品，还要求注明配装组。

(5) UN 或 ID 编号 [15]：填写危险物品联合国编号或 IATA 编号。

(6) 次要危险性 [16]：填写次要危险物品的类别或项别。

(7) 包装件数 [17]：填写危险物品的包装件数量。

(8) 净重或运输指数 [18]：填写每一包装件内危险物品的净重，如果运输放射性物质，则此栏填写包装件的运输指数。

提示：特种货物机长通知单里的货物重量是净重，而不是计费重量或实际重量，主要是为了掌握特种货物的具体重量，以便准确判断对飞行能造成多大的安全隐患。

(9) 放射性物质等级或标签颜色 [19]：填写放射性物质的包装等级或标签颜色。

(10) 包装等级 [20]：填写危险物品运输包装等级。

(11) 代号 [21]：填写危险物品的三字代码。

(12) CAO (X) [22]：如该危险物品包装件仅限货机运输，在此栏内标注"X"。

(13) 集装器编号 [23]：填写装有危险物品的集装器编号。

(14) 装载位置 [24]：填写危险物品的装机位置，如发生变更也应注明。

（三）其他特种货物栏目的填写

（1）卸机站［25］：填写卸机站名称，使用IATA规定的机场三字代码。

（2）货运单号码［26］：填写货运单号码。

（3）货物品名及种类［27］：填写特种货物的品名及有关说明。

（4）包装件数［28］：填写特种货物的包装件数量。

（5）重量［29］：填写每一包装件内特种货物的净重。

（6）附加说明［30］：填写运输、装卸及储存等注意事项，如温度要求等。

（7）代号［31］：填写特种货物的三字代码。

（8）集装器编号［32］：填写装有特种货物的集装器编号。

（9）装载位置［33］：填写特种货物的装机位置，如发生变更也应注明。

 课后练习

填空题

1. 根据IATA关于特种货物运输的规定，对于装载在飞机上的特种货物，货运部门必须在飞机起飞前向机长做出书面通知，即填写_____。

2. 特种货物机长通知单的"UN或ID编号"栏内应填写危险物品_____或_____。

项目二　特种货物运输操作

任务一　危险物品运输操作

> 学习目标

1. 熟悉危险物品的分类和包装要求，能区分危险物品的类别。
2. 掌握危险物品运输的文件要求，能准确填写危险物品运输的相关文件。
3. 掌握危险物品运输的基本原则。

在民航运输中，凡具有爆炸、易燃、毒害、腐蚀、放射性等特性，在运输、装卸、仓储过程中可能危害人体健康或损坏运输设备及其他财产的物质和物品称为危险品。航空公司开展危险物品运输业务必须有专门的验证机构。IATA专门为危险物品运输编制了《危险品规则》（Dangerous Goods Regulations，DGR），按照运输专用名称的顺序公布了各类危险物品的包装、标签、数量等方面的要求。

资料：

2000年3月，中国化工建设大连公司（以下简称"大连化建"）委托马来西亚航空公司承运80桶8－羟基喹啉到印度。当飞机到达马来西亚吉隆坡机场中转时，货舱中弥漫着刺激性很强的白色烟雾，戴上呼吸装置都难以进入货舱，装卸机械也被腐蚀，飞机随即被隔离。直到次日，机场消防队将大连化建委托运输的两个集装箱卸下，发现货物中有两桶泄露，而且货物不是大连化建申报的8－羟基喹啉。

经鉴定和询问大连化建，马来西亚航空才知道货物真正名称是草酰氯，是强酸性腐蚀化学药品，属于危险货物。法国空客公司对飞机状况进行了评估，修理成本大大超过飞机全额保险金 9500 万美元的 75%，飞机已无修理价值。2004 年 6 月 23 日，马航向北京市高院起诉货物托运人、代理人、鉴定人、地面服务公司等六家公司，要求赔偿保险和其他损失共计 8000 多万美元。

一、危险物品分类

（一）按危险品性质分类

1. 第 1 类：爆炸品

1.1 项：具有整体爆炸危险性的物品和物质。

1.2 项：具有抛射危险性，但无整体爆炸危险性的物品和物质。

1.3 项：具有起火危险性、较小的爆炸或较小的抛射危险性，但无整体爆炸危险性的物品和物质。

1.4 项：不存在显著危险性的物品和物质。

1.5 项：具有整体爆炸危险性而敏感度极低的物质。

1.6 项：无整体爆炸危险性且敏感度极低的物质。

2. 第 2 类：气体

2.1 项：易燃气体，如丙烷、乙炔、乙烷等。

2.2 项：非易燃、非毒性气体，如二氧化碳、氮等。

2.3 项：毒性气体，如硫化氢、氯气、一氧化碳等。

3. 第 3 类：易燃液体，如汽油、酒精、黏合剂、油漆等

4. 第 4 类：易燃固体、自燃物质和遇水释放易燃气体的物质

4.1 项：易燃固体，如乒乓球、火柴、樟脑等。

4.2 项：自燃物质，如白磷等。

4.3 项：遇水释放易燃气体的物质，如钠、电石、锂等。

5. 第 5 类：氧化剂和有机过氧化物

5.1 项：氧化剂，如漂白粉、过氧化氢等。

5.2 项：有机过氧化物，如叔丁基过氧化氢。

6. 第 6 类：毒性物质和传染性物质

6.1 项：毒性物质，如农药、尼古丁、砒霜等。

6.2 项：传染性物质，如肝炎病毒、口蹄疫等。

7. 第7类：放射性物质，如钴－60°

8. 第8类：腐蚀性物质，如汞、氢氧化钠等

9. 第9类：杂项危险物品，如干冰、磁性物质等

提示：第1－9类危险物品的类别及编号仅为使用方便，与相应的危险等级无关。

(二) 按照危险物品的危险程度分类

（1）禁寄物品。此类货物非常危险，在任何情况下都严禁用飞机进行运输，哪怕数量极少都不行。禁寄物品是指国家法律法规禁止寄递的物品，一经海关查出，一律罚没。常见的有易燃易爆类（指甲油、香水、香薰、打火机及压力铝罐包装的物品如防晒喷雾、生发剂等），动植物标本类（动物头骨、标本、兽皮等），货币，武器刀具类（瞄准镜、枪管、匕首、弓箭、仿真武器模型等）等等，详见以下明细：

①各类武器、弹药、管制刀具，如枪支、子弹、炮弹、手榴弹、地雷、炸弹等。

②各类爆炸性物品、金属气压罐装的物品，如雷管、炸药、火药、鞭炮等。

③各类燃烧性物品，包括液体、气体和固体，如汽油、煤油、桐油、酒精、生漆、柴油、气雾剂、气体打火机、瓦斯气瓶、磷、硫黄、火柴等。

④各类腐蚀性物品，如火硫酸、盐酸、硝酸、有机溶剂、农药、危险化学品等。

⑤各类放射性元素及容器，如铀、钴、镭、钚等。

⑥各类烈性毒药，如铊、氰化物、砒霜等。

⑦各类麻醉药物，如鸦片（包括罂粟壳、花、苞、叶）、吗啡、可卡因、海洛因、大麻、冰毒、麻黄素及其他相关制品等。

⑧各类生化制品和传染性物品，如炭疽、危险性病菌、医药用废弃物等。

⑨各种危害国家安全和社会政治稳定以及淫秽的出版物、宣传品、印刷品等。

⑩各种妨害公共卫生的物品，如动物器官、肢体、未经硝制的兽皮、

未经药制的兽骨等。

⑪国家法律、法规、行政规章明令禁止流通、寄递或进出境的物品，如国家秘密文件和资料、国家货币及伪造的货币和有价证券、仿真武器、管制刀具、珍贵文物、濒危野生动物及其制品等。

⑫包装不妥，可能危害人身安全，污染或者损毁其他寄递件、设备的物品等。

⑬各寄达国（地区）禁止寄递进口的物品等。

⑭其他禁止寄递的物品。

(2) 正常情况下禁止运输，但在有关国家特殊豁免可以载运的危险物品。

(3) 只限货机运输的危险物品。

(4) 客货机均可载运的危险物品。

二、危险物品包装要求

危险物品具有危害性，因此民航运输对其包装有严格的要求，承运人要严格按照规定检查货物的包装，以保障运输安全。

（一）包装等级

(1) Ⅰ表示该危险物品危险程度最大，包装要求严格。

(2) Ⅱ表示该危险物品危险程度中等，包装要求中等严格。

(3) Ⅲ表示该危险物品危险程度最小，包装严格程度低。

（二）包装容器

危险物品必须使用优质包装容器，包装容器不得有任何损坏迹象，包装的结构和封闭性能必须能防止正常空运条件下由于温度、湿度、压力或震动变化而引起的渗漏。包装容器应与内装物相适应，不得与内装物发生化学反应或其他反应。

（三）内包装

内包装应进行固定和衬垫，控制其在外包装内移动。衬垫和吸附材料不得与内装物发生危险反应。包装件外部不得沾染达到有害数量的危险物品。

三、危险物品运输的文件要求

危险物品运输文件是危险物品运输不可缺少的组成部分，在整个危险物品运输中起着组织、引导作用。危险物品运输文件主要包括危险物品申报单、民航货运单、危险物品收运核查单、特种货物机长通知单等。

（一）危险物品申报单

托运危险物品时，托运人必须填写一式两份的危险物品申报单（如图4-2所示），签字后一份交给始发站留存，另一份随货物运至目的站。危险物品申报单必须由托运人填写、签字并对申报的所有内容负责，代理人不可代替托运人签字。危险物品申报单必须用英文填写，在英文的后面可以附上中文的准确译文。

危险物品申报单的填写内容必须与所托危险物品相一致，遵守联合国和IATA的相关规定，提供国家有关部门出具的货物物理、化学性质分析报告。危险物品申报单不得包括与本次运送无关的信息，但可以包括与本次运送的危险物品共同包装的非危险物品信息。

Shipper 托运人		Air Waybill NO. 航空货运单号码 Page of Pages 第 页，共 页 Shipper's Reference Number (optional) 托运人编号（可选择）
Consignee 收货人 Tel 电话：		For optional use for Company logo name and address 可选使用公司的商标名称和地址
Two completed and signed copies of this Declaration must be handed to the operator. 须将两份填好并签字的申报单交给经营人。		WARNING 警告 Failure to comply in all respects with the applicable Dangerous Goods Regulations may be in the applicable law, subject to legal penalties. This Declaration must not, in any circumstances, be completed and/ or signed by a consolidator a forwarder or an IATA cargo agent. 未完全按照适用的《危险品规则》办理则可能会触犯有关法律，受到法律制裁。本申报单在任何情况下，都不得由货物的集运人、运输承揽人或国际航协货运代理人填制和/或签署。 （托运人的责任见背面）
TRANSPORT DETAILS 运输说明		
This shipment is with the limitations prescribed for : (delete no applicable) 此货物仅限于：（不适用的删掉）	Airport of Departure 始发站机场	
PASSENGER AND CARGO AIRCRAFT 客机和货机	CARGO AIRCRAFT ONLY 仅限货机	
Airport of Destination 目的站机场		Shipment type: (delete non-applicable) 货物种类（不适用的删掉）
		NON-RADIOACTIVE 非放射性	RADIOACTIVE 放射性

NATURE AND QUANTITY OF DANGEROUS GOODS 危险物品的识别

Proper Shipping Name 运输专用名称	Class or Division 类或项	UN or ID NO. UN或ID 编号	Packing Group 包装等级	Subsidiary Risk 次危险性	Quantity and Type of Packing 数量及包装类型	Packing Inst. 包装说明	Authorization 批准

Additional Handling Information 附加操作说明	
I hereby declare that the contents of this consignment are fully and accurately described above by the proper shipping name, and are classified, packaged, marked and labeled/placarded, and are in all respects in proper condition for transport according to applicable international and national governmental regulations. 我在此申明，上述运输专用名称完整、准确地表达了货物的内装物品并进行了分装、包装、标记、标签/挂签，各方面状态完好适合运输，符合国际及国家的有关规定。	Name/Title of Signatory 签字人姓名/职务 Place and Date 地点和日期 Signature 签字 （See warning above） （见上述警告）

Shipper's Responsibilities

A shipper must comply fully with IATA Dangerous Goods Regulations when offering a consignment of danaerous goods to IATA Member and associate Member airlines, and to airlines participating in IATA interline agreements for cargo. In addition, shippers must comply with any appicable regulations set forth by the Sates of origin, transit and destination.

IATA Danaerous Goods Regulations are fully compliant with the ICAO Technical Instructions. A shipper, offering articles or substances in violation of these Reculation, may be in breach of national law and may be subject to legal penalties.

A shipper must provide such information to his employees as will enable them to carry out their responsibilities with regard to the transport of dangerous goods by air.

The shipper must ensure that the articles or substances are not prohibited for transport by air.

The articles or substances must be properly identified, classified, packed, marked, labelled and documented in accordance with these Regulations.

Before a consignment of dangerous goods is offered for air transport, all relevant person involved in its preparation must have received training to enable them to carry out their responsibilities as detailed in 1.5 of these Regulation. Where a shipper does not have trained staff, "the relevant person" may be interpreted as applying to those employed to act on the shipper's behalf and undertake the shipper's responsibilities in the preparation of the consignment. However, such person must be trained as required by 1.5 of these Regulations.

托运人的责任

托运人向国际航空运输协会（以下简称IATA）会员或准会员航空公司及参加IATA货物联运协议的航空公司交运危险物品时，必须完全遵守IATA《危险品规则》（以下简称《危规》）以及始发地、经停地和目的地国家的有关规定。

《危规》完全符合国际民用航空组织（ICAO）的《技术准则》。托运人在交运物品或物质时违反《危规》，则可能会违反国家法律并将受到法律制裁。

托运人必须向其雇员提供能够使雇员履行有关航空运输危险物品方面的职责的信息和资料。

托运人必须保证所交运的物品或物质不属于航空禁运的物品或物质。

托运人必须按照《危规》的规定，对其交运的物品或物质准确地加以识别、分类、包装、标记、标签及备好文件。

交运危险物品前，所有在交运准备中涉及的有关人员必须接受过培训，使其能够按照《危规》1.5节中所详述的要求履行其职责。如托运人的雇员没有接受过培训，在交运准备中，"有关人员"可被视为代表托运人行事并履行其职责的受雇人，但该受雇人必须是按《危规》1.5节中的要求接受过培训的人。

图4-2 危险物品申报单

（二）民航货运单

运输危险物品时，民航货运单的填制在遵循基本要求的基础上，还应注意以下几项内容的填写：

（1）危险物品与非危险物品需要填开在同一民航货运单上时，必须是危险物品在先，非危险物品在后，并在"Handling Information"（操作说明）栏内注明危险物品的件数。

（2）随同货物运输的民航货运单，在"Handling Information"栏内必须填写下列一项以上的说明："Dangerous Goods as Per Attached Shipper's Declaration"，"Dangerous Goods Shipper's Declaration Not Required"，"Cargo Aircraft Only"。

（3）不需要填写危险物品申报单的危险物品，在货运单的"Nature and Quantity of Dangerous Goods"栏内，还应依次注明以下内容：运输专用名称、类别或项别、UN或ID编号、包装等级、次要危险性、包装件数、每个包装件的净重或净容积、包装说明。

（4）如果怀疑某种化工产品或化学物品是危险物品，但不符合各类（项）危险性判定的标准，这种产品或物质应作为非危险物品运输。在货运单中该产品或物质的品名下面，应注明"Not Restriced"，表示已对该货物做过核查。

（三）危险物品收运核查单

在收运危险物品时，为了核查危险物品的危险物品申报单、民航货运单及包装件是否完全符合要求，航空公司的收运人员必须填制危险物品收运核查单。根据收运的危险物品属放射性或非放射性，核查单分为两种：非放射性危险物品收运核查单和放射性危险物品收运核查单。

危险物品核查单由收运人填写，一式两份，经签字后生效。无核查单或核查单上无签字的危险物品，不得收运。经核查，如各项均无问题，该危险物品可以收运。危险物品收运核查单、危险物品申报单与民航货运单的正本附在一起随同货物运输，其副本留在始发站归档。

（四）特种货物机长通知单

根据国际民航组织关于危险物品运输的规定，对已装机的危险物品，必须在飞机起飞前就向机长做出书面通知。空中出现紧急情况时，机长可以根据该通知单将机上危险物品的种类、数量及装载位置通知地面的有关机场。

四、危险物品运输的基本原则

承运人在运输危险物品的过程中，必须严格遵循以下原则。

（一）预先检查原则

危险物品的包装件在组装集装器或装机之前，必须进行认真检查，在包装件完全符合要求的情况下才能继续进行作业。检查的内容包括：外包装有无渗漏、有无破损、有无气味、有无任何损坏现象。此外，还应检查包装件上的危险性标签和操作标签是否正确无误、粘贴牢固，包装件的文字标记是否书写正确、字迹清楚。

（二）方向性原则

装有液体危险物品的包装件要按要求贴上"向上"标签，必要时还应标注"This Side Up"字样。在装运、装卸、装板箱及装机的过程中，必须按标签的指向使包装件始终保持向上。

（三）轻拿轻放原则

在搬运、装卸危险物品包装件时，无论是采用人工操作还是机械操作，都必须轻拿轻放，切忌磕、碰、摔、撞。

（四）固定防滑原则

危险物品包装件装入飞机货舱后，装载人员应设法固定，防止危险物品在飞行过程中倾倒或翻滚，造成损坏。

课后练习

一、填空题

1. 托运危险物品时，托运人必须填写一式两份的危险物品申报单，签字后一份交给始发站留存，另一份＿＿＿＿＿＿＿＿。

2. 危险物品与非危险物品需要填开在同一民航货运单上时，必须是＿＿＿＿＿＿在先，＿＿＿＿＿＿在后。

3. 危险物品收运核查单由＿＿＿＿填写，一式两份，经签字后生效。

二、单项选择题

1. 危险物品中的第1类是（　　）。

   A. 爆炸品　　　B. 易燃气体　　　C. 毒性气体　　　D. 易燃液体

2. 以下物品中，（　　）属于易燃固体。

   A. 白磷　　　　B. 樟脑　　　　　C. 电石　　　　　D. 锂

3. 以下物品中，（　　）属于腐蚀性物质。

   A. 农药　　　　B. 尼古丁　　　　C. 氢氧化钠　　　D. 漂白粉

三、简答题

运输危险物品时应遵循哪些基本原则？

任务二　贵重物品运输操作

学习目标

1. 掌握贵重物品的概念，能判断一票货物是否属于贵重物品。
2. 掌握贵重物品货运单的填制与储运要求，能正确填制贵重物品货运单。
3. 熟悉贵重物品的收运条件，能判断贵重物品的包装标记标签等是否满足收运条件。

一、贵重物品的概念

贵重物品是指珍贵的、价值高的、承运人需要进行特殊处理和储存的物品。中国民用航空局对贵重物品的范围划定如下：

毛重每千克运输声明价值，国际货物超过 1000 美元或等值货币、国内货物超 2000 元人民币以及含有下列物品中的一种或多种的货物：

（1）黄金、白金、铱、铑、钯等稀贵金属及其制品；
（2）各类宝石、玉器、钻石、珍珠及其制品；
（3）珍贵文物（包括书、古玩、字画等）；
（4）现钞、有价证券。

二、贵重物品的收运条件

（一）包装

（1）贵重物品应根据其性质采用硬质坚固的木箱或铁箱包装，必要时还应在包装外用"+"字或"#"字形贴条加固。箱内要有衬垫物，使箱内物品不能移动或互相碰撞。外包装必须有铅封或火漆标识，标识要完好，标识上要有托运人的特别印记。
（2）包装上应清楚详细写明收货人及托运人姓名和地址。
（3）如果一票货物中含有贵重物品，则整票货物应视为贵重物品。

(4) 贵重物品只能使用挂签。除识别标签和操作标签外，贵重物品不需要任何其他标签和额外粘贴物，货物的外包装上不可有任何对内装物做出提示的标记。

（二）称重

贵重物品要用精确的磅秤或天平逐件称重。实际毛重以 0.1kg 为单位，0.1kg 以下四舍五入。贵重物品的净重由托运人提供。

（三）价值

托运人交运贵重物品，自愿办理声明价值。每份国内货运单货物的声明价值不得超过人民币 50 万元。每份货运单声明价值超过限额时，应请托运人分批托运，即分几份货运单托运，同时说明由此产生的运费差额或其他费用由托运人承担。国内货物运输中，客机每个航班上装载的贵重物品价值不得超过人民币 500 万元。

（四）运输检查

在收运贵重物品时，应请托运人提供商业发票和货物装箱清单，然后随附在货运单后，并对贵重物品进行 X 光检查。

三、贵重物品货运单的填制

在货运单"路线及目的地"栏内必须填明第一承运人，如订妥航班，应填写全部航程和指定的承运人；在"航班日期"栏内应填写已订妥吨位的航班和日期；在"货物品名"栏内应填写贵重物品的名称、数量和尺寸；在"储运注意事项"栏内注明"贵重物品"字样并加盖戳记。

四、贵重物品的储运

（一）贵重物品的仓储

贵重物品应放在贵重物品仓库内，并随时记录出入库情况。货物交接时必须有书面凭证并由双方签字，与航空公司交接时必须填制"贵重物品交接单"。

总重量在 45kg 以下，单件尺寸不超过 45cm×30cm×20cm 的贵重物品，应放在机长指定位置，有保险箱的尽量放在保险箱内，超过上述重量和体积的应放在有金属门的集装箱内或飞机散舱内。

（二）贵重物品的运输

1. 运输航班的选择

运输贵重物品时，应尽量缩短货物在始发站、中转站和目的站机场停留的时间，避开周末或节假日交运。托运人托运大批的贵重物品，出发站应优先安排直达航班运送，托运人可提出办理押运货物。收运贵重物品前，必须先向货运吨位控制部门订妥全程舱位，确保其符合有关承运人的运输条件；如需变更续程承运人，必须得到有关承运人的许可。

2. 做好装卸监护

贵重物品在装箱或装机过程中，至少应有三人在场，其中一人必须是承运人的代表。装在集装箱内的贵重物品，装机站负责监护装机至飞机舱门关闭；航班离港后，装机站应立即用电话或电报通知卸机站，并做详细记录。卸机站接到通知，应安排专人监督卸机，直至货物入库。

3. 有严格的交接手续

在贵重物品装机前，应填制"特种货物机长通知单"，连同货运单和贵重物品一起交机长签收。贵重物品的装机和卸机、出仓与入仓，都必须由交接人员逐件点交点接、点支点卸；在交接单、装机单、卸机单上都要注明贵重物品的件数，并由交接人员签字。中转站接收中转的贵重物品，应进行复核。

4. 做好全程监护

运输过程中发现包装破损或封志有异，应停止运输，征求始发站的处理意见；如果发现贵重物品有破损、丢失或短少现象，应立即停止运输，填写"货物不正常运输记录"，并通知有关部门。

收件人提取货物前，应仔细检查货物包装，如有异议，应当场向承运人提出，必要时重新称重，并详细填写运输事故记录。

课后练习

一、单项选择题

1. 贵重物品的净重由（　　）提供。

A. 承运人　　B. 托运人　　C. 货运代理　　D. 收货人

2. 每份国内货运单货物的声明价值不得超过（　　）万元人民币。

A. 20   B. 30   C. 50   D. 80

3. 在贵重物品运输过程中，若发现包装破损或封志有异，应停止运输，征求（　　）的处理意见。

A. 始发站   B. 中转站   C. 经停站   D. 目的地

二、简答题

哪些物品属于贵重物品？

任务三 活体动物运输操作

学习目标

1. 掌握活体动物的收运条件与包装要求。
2. 了解活体动物货运单的填制要求,能正确填写活体动物货运单。
3. 了解活体动物装载注意事项,能合理装载活体动物。

活体动物是指活的家禽、野生动物(包括鸟类)、试验用的动物、两栖动物、鱼蟹、昆虫等。

一、活体动物的收运条件

(1)托运人必须事先与承运人联系,说明活体动物的种类、数量和运输要求,经承运人同意后方可交运。

(2)托运人交运的动物应无传染病,同时托运人应出示县、市级以上检疫部门出具的动物检疫合格证明。水生野生动物应携有水生野生动物特许运输许可证。

(3)托运人交运活体动物,应填制活体动物托运人证明书一式两份,证明书应由托运人签字,一份交承运人留存,一份和其他证件一起附在货运单上寄往目的站。

(4)活体动物必须在订妥舱位后方可交运。

(5)活体动物运输不办理运费到付。

(6)活体动物运输应尽量利用直达航班;在夏季及气候炎热的地区,应尽量利用早、晚航班。

(7)有不良气味的活体动物,承运人不予承运。

(8)妊娠期的哺乳动物,除托运人出示有效的官方兽医证明,说明活体动物在运输过程中不可能分娩外,一般不予收运。

(9)尚在哺乳期内的幼畜,一般不予收运。

(10)在飞机起飞前48小时以内刚刚分娩过的动物,一般不予收运。

（11）动物应在始发地机场交运。托运人应通知收货人按时到达目的地机场提取货物。

（12）承运人有权要求托运人派人押运。

（13）收运活体动物时，要按照收运检查单（LAR）的要求进行收运检查，如图4-3所示：

货单号码_____	始发站_____		目的站_____	
收运	是 无 否	**标签和标记**	是 无 否
01 是否与有关航空公司及中转站联系，做好相应的安排？	☐☐☐	13 每件容器上是否清楚地标明托运人和收货人的姓名、详细地址和联系电话？	☐ ☐
02 是否已通知收货人在目的站作好接货准备？	☐ ☐	14 每件容器上是否贴有"活体动物"标签并在标签上注明该动物的名称？是否贴有"向上"标签？	☐ ☐
03 是否已订妥全程舱位？	☐ ☐	15 对做实验用的无特定病原体的动物，容器上是否贴有"实验用动物"标签？	☐☐☐
04 活体动物的数量是否符合该机型的装载限制？	☐ ☐	16 对能咬或蜇的动物，容器上是否清楚地标出"有毒"字样？	☐☐☐
05 是否有动物押运员，押运员是否明确其职责？	☐☐☐	17 对于凶猛的、有攻击性的动物，容器上是否清楚地标出"危险动物"字样？	☐☐☐
文件		18 如果使用了镇静剂，容器上是否注明详细情况，如：使用镇静剂的时间、种类剂量和有效时间等？	☐☐☐
06 托运人按规定填写完备的"活体动物运输托运人证明书"一式三份，并由其本人签字？	☐ ☐		
07 "活体动物运输托运人证明书"上是否注明特殊的储运注意事项？	☐☐☐	19 如果要求在中途站喂食、喂水，托运人是否用书面形式同有关航空公司作好了安排？	☐☐☐
08 货运单上是否注明托运人、收货人的姓名、详细地址和联系电话？			
	是 无 否		是 无 否
09 该活体动物是否按其实际价值申报并投保？	☐ ☐	20 喂食注意事项是否已贴在容器外部的顶面上？	☐☐☐
10 是否有有效的动物检疫证明？	☐ ☐	注：1. 此单一式两份。	
11 交运野生动物，是否持有有关部门出具的准运证明？	☐☐☐	2. 任何一题的答案为"否"时，即不能接收此货物。	
包装		3. 在所有项目未检查完之前，不要拒绝收运。	
12 该种动物的容器是否符合国际航协现行《活体动物运输规则》的包装规定？	☐ ☐	4. 如果接收此货，将此单正本附在货运单上，并将副本存档。	
容器的大小是否适合于该种动物？	☐ ☐	5. 如果拒收此货物，将此单交主管负责人，并注明托运人或代理人姓名。	
容器上是否有足够的、合适的通风孔？	☐ ☐	6. "是"：表示符合活体动物国内航空运输条件。	
容器结构是否坚固？	☐ ☐	"否"：表示不相符合。	
容器是否已安装便于搬运的把手？	☐ ☐	"无"：表示本项不适于本批运输的货物。	
容器是否设有防漏溢及防逃逸装置？	☐ ☐	处理意见：	
容器是否清洁？	☐ ☐	☐ 接受 ☐ 不接受	
容器内是否有足够的衬垫、吸附材料？	☐ ☐	检查人：_____（签字）_____（机场）	
容器内是否设有合适的喂食、饮水装置？	☐☐☐	日期：_____ 时间：_____	
		托运人/代理人：_____（签字）	

图4-3 活体动物国内运输收运检查单

二、活体动物的包装要求

（一）包装容器要求

运输动物的包装容器应坚固、清洁、无毒，并符合国家及承运人的有关规定，能防止活体动物破坏、逃逸和接触外界。容器上应有安全的、便

于搬运的装置。包装容器内应光滑，不能有尖锐的边缘或突出物。

包装容器的尺寸应适合不同机型的舱门尺寸和货舱容积。容器必须有足够的通气孔，以防止活体动物窒息。容器出入口处应设有安全设施，防止发生事故。

包装容器必须加放托盘和吸湿物，防止活体动物粪便渗漏，以免污染飞机、行李、邮件和其他货物。非尼龙袋包装的带水活鱼类，其容器应能防止水漏溢，以免污染飞机，损坏飞机设备。必要时，包装容器内应备有饲养设备和饲料。

（二）包装结构要求

包装结构应合理而坚固，使用时根据各物种的体长、体重等特征对包装容器大小进行调整，保证动物在运输过程中的舒适度，以免妨碍飞行安全和秩序。

（三）标志和标贴

包装容器上应清楚地写明托运人、收货人的姓名、详细地址及联系电话。包装容器上应贴有"活体动物"（或"实验用动物"）等标签，有毒动物还应特别注明。

三、活体动物货运单的填制要求

活体动物与其他货物不得使用同一份货运单，不得填制在同一份货运单内。填写活体动物货运单时，在"货物品名"栏内须填写此活体动物的常用名称、数量及包装容器的尺寸，并注明"活体动物"字样，同时在货邮舱单和载重电报中相应注明。

四、活体动物装载注意事项

（1）除全货机和Combi机型外，活体动物必须装在密封的下货舱内，一般装在货舱门口附近。活体动物一般最后装机，最先卸机。

（2）在集装箱和集装板上加垫塑料膜等防水材料，防止动物的排泄物污染飞机集装箱和飞机货舱。

（3）装机时，容器不得紧靠货舱壁，应留有足够空隙；容器与其他货物间也应留足空隙，以免影响空气流通，使活体动物窒息。

（4）活体动物必须避免装载在货舱门报警探头和通风口位置，一般情况下应装载在货舱门口，不得阻挡货舱内的烟雾探测器，至少应保持10cm的距离。

（5）活体动物不得与行李直接接触，不得与鲜活易腐货物近装在一起，以防污染。活体动物不能与对活体动物有害的其他货物近装在一起，如干冰或包装盛有干冰的货物、放射性货物等。活体动物不得与骨灰或灵柩装载在同一集装容器内。

（6）互为天敌或来自不同地区的活体动物，不能近装在一起，更不能装载在同一包装容器内。实验用的活体动物（不带菌的动物），应与其他活体动物在前后舱分装。

（7）飞机延误时，不应将活体动物放在封闭的货舱内或在机坪上露天放置，必要时应通知托运人前来照料，如喂食、加氧等。

课后练习

一、单项选择题

1. 以下有关活体动物运输的说法中，不正确的一项是（　　）。

A. 活体动物必须在订妥舱位后方可交运。

B. 活体动物运输不办理运费到付。

C. 有不良气味的活体动物，承运人不予承运。

D. 承运人无权要求托运人派人押运。

2. 以下有关活体动物包装要求的说法中，不正确的一项是（　　）。

A. 容器上应有安全的、便于搬运的装置。

B. 容器必须有足够的通气孔，以防止活体货物窒息。

C. 包装容器上只能贴有"活体动物"或"实验用动物"标签。

D. 必要时，包装容器内应备有饲养设备和饲料。

二、简答题

简述活体动物的装载注意事项。

任务四 鲜活易腐货物运输操作

学习目标

1. 熟悉鲜活易腐货物的收运条件。
2. 掌握鲜活易腐货物货运单的填制要求，能正确填写鲜活易腐货物货运单。
3. 熟悉鲜活易腐货物储运注意事项，能合理储运鲜活易腐货物。

鲜活易腐货物是指在一般运输条件下，因气候、温度、湿度、气压变化、季节等原因，容易引起变质、腐烂或死亡的货物。例如，肉类、水果类、蔬菜类、鲜花等植物类，水产品类，需要低温保存的食品、药品、人体器官、试剂、疫苗等生物制品，都可以归类为鲜活易腐货物。

一、鲜活易腐货物的收运条件

（一）包装要求

（1）必须有符合鲜活易腐货物特性的包装，不致在运输途中因包装破损或有液体溢出污损飞机或其他装载物。

（2）怕压的货物，外包装应坚固抗压；需通风的货物，包装上应有通风孔；需冷藏冰冻的货物，容器应严密，保证冰水不外流。

（3）带土的树种或植物苗等不得用麻袋、草包、草绳包装，应用塑料袋包装，以免土粒、草屑等杂物堵塞飞机空气调节系统。

（4）为了便于搬运，每件鲜活易腐货物的重量以不超过 25kg 为宜，每件水产品连同运输包装的重量不宜超过 30kg。

（5）每件货物包装上应贴有"鲜活易腐货物"标签。

（二）运输时限要求

托运人交运鲜活易腐货物时，应书面提出运输的注意事项及最长允许运输时限。除另有约定外，鲜活易腐货物的运输时限不少于 24 小时（从预定航班的预计起飞时间前 2 小时起计）。

提示：运输时限不少于24小时，并不是要求在24小时之内必须把货物送达，而是指鲜活易腐货物的包装至少能保证货物在24小时内不会坏掉。

二、鲜活易腐货物货运单的填制要求

在国内运输中，货运单"储运注意事项"栏内应注明"鲜活易腐货物"及其他注意事项。另外，栏内还应注明卫生检疫证明等文件随附在货运单后。

三、鲜活易腐货物储运注意事项

（1）鲜活易腐货物在装机前和卸机后，应存放在阴凉通风的地方，切忌烈日暴晒。在冬天，则应根据货物特性注意保暖。

（2）装机时应将鲜活易腐货物装在货舱门口，以便到达目的站后优先卸下。

（3）在运输过程中，应尽可能提供合适的温度和通风条件，以保证运输质量。包机运输对温度要求比较严格的货物时，可事先与飞行等部门研究调节机舱温度，或在确保飞行安全的前提下调整飞行高度等，以适应货物特性。

表4-1 鲜活易腐货物对温度、湿度、通风条件的要求

种　类		温度（℃）	湿度（%）	通风条件
亚热带、热带水果		9～15	90	气温高时要通风良好
其他水果		3～6		
新鲜蔬菜		0～6		
树苗		15左右		
冻肉、水产品		8以下		可不通风
冻鲜花		0以下		
种蛋	未入孵的	13	70～80	通风良好
	已入孵即将孵出的	不得超过37.8		

（4）为避免鲜活易腐货物与其他货物相互污染，在储运过程中应

注意：

种蛋不能与干冰相邻放置。

鲜花、蔬菜不能与水果相邻放置。

食品不能与毒性物质、感染性物质、灵柩或活体动物等相邻放置。

课后练习

简答题

1. 简述鲜活易腐货物的包装要求。
2. 简述鲜活易腐货物的储运注意事项。

任务五　其他特种货物运输操作

学习目标

1. 了解灵柩的包装、运输文件与储运注意事项。
2. 了解骨灰的收运条件、运输文件与储运注意事项。
3. 了解超限货物的收运条件与装载注意事项。
4. 了解押运货物的范围与储运注意事项，以及押运员的主要职责。
5. 熟悉作为货物运输的行李的包装、收运条件与运输文件。
6. 了解急件货物的收运条件与运输注意事项。
7. 能正确处理灵柩、骨灰、超限货物、押运货物、作为货物运输的行李和急件货物的民航运输业务。

一、灵柩

（一）包装

尸体必须经过防腐处理，装入厚塑料袋内密封，放入焊接严密的金属箱内。金属内棺敷设木屑或木炭等吸湿物，连接处焊牢，以防气味或液体渗溢。

将金属棺放入木棺中，金属棺外应套装木制的容器，最外层还应用帆布或防水油布包裹，以防止容器受损；木棺的两侧应装有牢固的把手，以便装卸。

灵柩必须完好无损、接缝严密，保证内装液体不渗漏。在货物外包装上加贴"急件"及"不可倒置"标签。

（二）预留吨位

灵柩应尽可能利用直达航班运送。不论是利用直达航班还是由几个航班联运，均应向有关航班吨位控制部门申请预留吨位。灵柩应装载在全货机或有独立货舱的客机上，并经事先订舱。

（三）运输文件

托运人必须提供医疗卫生单位或其他有关部门出示的死亡证明书和入殓证明书，以及民航货运单。

1. 死亡证明书

死亡证明书的内容包括死者姓名、年龄、性别、国籍、死亡日期、死亡原因，应特别注明属于非传染病死亡。

2. 入殓证明书

入殓证明书应说明尸体的包装符合金属内棺敷设木屑或木炭等吸湿物，连接处焊牢，以防气味或液体渗溢的要求；棺内除尸体及衬垫外，无其他物品。证明书上的死者和姓名等项，应与死亡证明书上所列内容相符。

以上两种证明书一式两份，一份留始发站存查，一份附在货运单后，随灵柩运往目的地。

3. 民航货运单

在货运单"路线和目的站"栏内要填写指定的运输路线和各航段指定的承运人，在"储运注意事项"栏内注明附有死亡证明书和入殓证明书各一份。

（四）储运注意事项

1. 装载规定

（1）灵柩必须最迟在飞机起飞前2小时由托运人运抵机场。

（2）灵柩尽量放在集装板上，不可与其他货物混运，除非整票集运货都是灵柩。

（3）灵柩必须远离动物和食品，散装时，灵柩不能与动物装在同一货舱内；集运时，分别装有灵柩和动物的集装器，装机时中间至少应有一个集装器间隔。

（4）灵柩必须在旅客登机前装机，在旅客下机后卸机。灵柩装机前或卸机后，应停放在僻静地点，如果条件允许，应加盖罩布，与其他货物分开存放。

（5）灵柩只可以水平放置，不可直立或侧放。

2. 运送通知

始发站应填写"特种货物机长通知单",事先通知机组人员。灵柩装机后应在发给有关航站的载重电报中说明灵柩装载的舱位。到达站在收到关于灵柩的通知后,应及时通知收货人在飞机到达前在机场等候提取,交付之后,到达站应立即将提取情况电告始发站。

二、骨灰

(一)收运条件

通常情况下,骨灰的运输可被任何飞机接受而无须订舱。骨灰应放入专门的容器(丧葬用的罐、瓮或盒等),并放置衬垫物以保护容器不致损坏,外面用木箱套装,在货物外包装上加贴"急件"标签。

(二)运输文件

1. 证明文件

托运人必须提供卫生部门出具的死亡证明书及丧葬部门出具的火化证明书。证明书一式两份,一份留给始发站存查,一份附在货运单后,随货物运往目的站。

2. 民航货运单

在货运单上加注或加盖"急件"字样标记,在货运单"储运注意事项"栏内注明附有死亡证明书和火化证明书各一份。

(三)储运注意事项

骨灰可装在下货舱,也可由旅客随身携带。骨灰装机后,应在发给有关航班的载重电报中说明骨灰的装载位置。骨灰运输应填写特种货物机长通知单。

三、超限货物

超限货物包括超大货物和超重货物,常见的有汽车、飞机发动机、大型机器设备、钢材等。超大货物一般是指体积超过机型限制,需要一个以上的集装板装载的货物,这类货物的运输需要特殊处理程序及特殊装卸设备;超重货物一般是指单件重量超过150kg的货物,但具体还取决于飞机机型(地板承受力)、机场设施以及飞机在地面的停站时间等。

（一）收运条件

1. 重量限制

非宽体飞机上承运超限货物，每件重量可放宽至150kg，但在安－24、运－7飞机上禁止承运超过120kg的货物。在宽体飞机上装运超限货物，应请示值班经理同意，并在收运后及时通知到达站准备装卸设备。

2. 订舱

运输超限货物必须全程订妥舱位。订舱时应说明货物的重量和体积，并在货运单内单独列明，承运人可提前制订装载计划并准备必要的固定设施。

3. 包装要求

托运人所提供的包装应便于承运人操作，如设置托盘、吊环等，必要时应注明重心位置。此外，必须设置牢固的能支持装卸和固定的装置。

（二）装载注意事项

（1）必须清楚地标出重心点以便于装卸。

（2）应设置便于叉车等装卸设备操作的装置，如托盘。与地面之间应留有5cm的空间，以便于叉车的操作。

（3）装卸时应注意平衡，应在货运单上标明重心位置，并在货物上圈出。

（4）超限货物必须装在集装器的中间位置。如果未超过集装箱的2/3容积，且属于重货，则必须固定；应留意货舱的墙壁和地板上的锚定点，以便牢固地将货物固定在机舱内。始发站应及时通知到达站准备装卸力量，必要时可请托运人或收货人提供装卸设备和人力。如需额外支付装卸费用，此项费用应由托运人或收货人负担。

（5）必要时请托运人提供承运超限货物所需垫板及绳索，并按照超限量计收超限货物附加费。垫板和绳索在到达站连同货物一起交付收货人。

四、押运货物

押运货物是指在民航货物运输过程中需要托运人派专人照料和监护的货物。

（一）押运货物的范围

要求托运人押运的货物包括但不限于以下物品：

(1) 需要沿途饲喂、供水、浇水、输氧、保温等的鲜活动植物，如家畜、鱼苗、鱼介、新生家禽、花卉及树苗等（不需要照料者除外）。

(2) 机密性强和价值很高的货物，如重要文件、档案材料、尖端保密产品和珍贵文物等。

(3) 需要采取特殊防护措施和注意看管，以确保运输安全的货物，如凶猛动物、成批货币和证券，以及包机运输的危险物品等。

(4) 必须专人照料和护送的其他货物。

（二）押运货物的储运注意事项

(1) 托运人托运押运货物前，应向承运人订妥全程航班和吨位。

(2) 押运员应预先按照规定购买客票，在航班起飞当天，按双方约定的时间在机场办理登机手续，并在押运员的机票上加盖"押运人员"印章，同时注明押运货物的运单号码及件数、重量。

(3) 检查托运人出具的证明和押运员的身份证和工作证。

(4) 在货运单"储运注意事项"栏内注明"押运"字样，并写明押运的日期和航班号。

(5) 在货物包装上加贴"押运货物"标签，以便于识别和防止装卸错误。

(6) 向押运员详细阐明其职责，并向押运员介绍安全注意事项、乘机规定及其应负的责任，尽可能为其提供工作上的便利。

（三）押运货物的运输责任

押运货物发生丢失、短缺、变质、污染或损坏，除证明是承运人过失造成外，均由押运员负责。发生运输延误，承运人赔偿违约金，而相关的照料和其他费用由押运员负担，但承运人或其代理人也要积极协助押运员安排后续航班。

（四）押运员的主要职责

为了保证飞行和货物的安全，对需要押运的货物，托运人应指派能完成押运任务的人员负责押运。押运员的主要职责如下：

(1) 负责货物在地面停留时的照料和在地面运输中的护送工作。

（2）指导押运货物的装卸工作。

（3）在飞行途中或经停站查看和照料货物，并及时采取防止货物损坏和避免事故发生的措施。

（4）遇飞行不正常、货物损坏或其他事故时，决定货物的处置办法。

（5）在目的站提取货物，并在货运单上签收。如果货物是押运员在客舱内自行看管，在办理完托运手续后，即由押运员在货运单上签收。

（五）押运员乘机规定

（1）乘坐班机的押运员，凭身份证及押运货物的证明购票乘机。押运人员的客票应在"签注"栏内注明"Unbag"字样，并填入货运单号码、件数和重量。

（2）包机的押运员，凭包机单位介绍信和包机运输协议书，由承运人开具免费客票，凭票乘机。

（3）押运员应遵守民航旅客运输的有关规定。

五、作为货物运输的行李

（一）行李的内容及包装

作为货物运输的行李又称无人押运行李，仅限于旅客本人的衣服和与旅行有关的私人物品。包括小型乐器、小型体育用品，但不包括机器、机器零件、货币、证券、珠宝、表、餐具、镀金属器皿、毛皮、影片或胶卷、照相机、票证、文件、酒类、香水、家具、商品和销售样品。

行李箱必须上锁，如果锁的钥匙和行李一同运往目的地，应把钥匙装入专用信封附在货运单上，行李内还应装入标有行李内容、旅客姓名及家庭地址的标签，行李箱上还应贴挂标有旅客姓名和目的地地址的标牌。在运输过程中，为了便于识别旅客交运的行李和作为货物运输的行李，应在作为货物运输的行李上加挂"货物"标签。

资料：

需要办理托运的物品

1. 食品类

豆腐乳、辣椒酱、牛奶、酱菜等物品属于液态食品，必须托运。此外，有特殊浓重香气的热带水果，如榴梿，也不能直接带上飞机，可选择托运。

2. 酒类

酒类是液态物品，只能托运，每位乘客最多只能托运两瓶白酒，要注意包装，防止破碎。

3. 化妆品类

每种化妆品限带一件，其容器容积不得超过 100cc。

此外，非管制刀具、仿真枪、工具类等均需要办理托运手续，而打火机和火柴则属于绝对禁止旅客随身携带或托运的物品。

（二）收运条件

（1）托运行李的旅客必须持有定期客票，并在乘机前办妥交运手续。

（2）作为货物运输的行李只能在旅客客票中所列地点的机场之间运输。旅客须如实申报行李内容，提供有关的文件，并支付所需费用。该货物运输的具体时间由承运人决定。

（3）行李折扣运价不得和任何普通货物运价或指定商品运价相加使用，以致相加后的运价低于适用的规定或组合运价。作为货物运输的行李重量不得计算在免费行李额内。

（三）运输文件

在货运单"货物品名及数量"栏内注明"无人押运行李"字样，同时注明旅客的客票号码、航班日期和航班号。

六、急件货物

急件货物是指承运人同意托运人的要求，安排最早的航班或以最短的时间运达目的地，并以最快的速度交付的货物。

（一）收运条件

（1）收运急件货物或其他有时限要求的货物，首先要考虑货物的运输期限是否在民航班期之内，运力能否保证按期运达。货运单除准确写明收货人名称、地址外，还应填明电话、邮编等，以便到站后及时通知提货人。货运单"储运注意事项"栏内应加盖"急件"印章，并在货物上加贴"急件"标签。

（2）国内运输中，急件货物的运费按照普通货物基础运价的 150% 计收。一般来说，由于承运人原因造成运输延误时，每延误一天，承运人赔偿相当于运费总额5‰的违约金，但赔偿总额以不超过运费总额为限。因天气或不可抗力的原因造成货物逾期运到，可免除承运人的责任。

（3）急件货物应严格开箱检查或按规定进行安全检查。

（4）办理急件货物运输应以直达航班为主，严格控制联程运输。直达航班的承运数量视运力情况而定。联程的急件运输，始发站应充分考虑中转站的航班班次和机型，预先订妥舱位，经中转站同意后方可承运。

（二）运输注意事项

承运人所承运的急件货物应安排最早航班运出。承运的急件货物和规定时限运出的货物，必须按照托运人事先要求将货物运至目的站。

对于联程中转的急件货物，承运人应在装机后2小时内拍发"请急速转运"或"请按预定××航班转运"的电函给中转站，货物到达后必须在2小时内发出到货通知。

课后练习

一、填空题

1. 运输灵柩时，托运人必须提供医疗卫生单位或其他有关部门出示的_____和_____，以及民航货运单。

2. 押运货物的外包装应加贴_____标签，以便于识别和防止装卸错误。

3. 办理急件货物运输应以_____为主，严格控制联程运输。

二、单项选择题

1. 以下选项中，（　　）不属于超限货物。

A. 汽车　　　　　　　　　　B. 电脑配件

C. 飞机发动机　　　　　　　D. 大型机器设备

2. 以下选项中，（　　）可视为"作为货物运输的行李"进行托运。

A. 小型乐器　　B. 货币　　C. 照相机　　D. 家具

三、简答题

1. 简述灵柩的装载规定。

2. 简述押运货物的范围。

3. 押运员的主要职责有哪些？

模块五　民航货物不正常运输与赔偿

项目一　处理民航货物不正常运输

任务一　处理无法交付货物和品名不符货物

学习目标

1. 熟悉无法交付货物的判断和处理方法。
2. 能正确处理无法交付货物和品名不符货物。

一、无法交付货物的处理

(一) 无法交付货物的判定

到货通知发出后，若由于下列原因收货人没有及时提取货物，到达站应通知托运人和始发站，并征求托运人对货物的处理意见：

(1) 货运单上所列地址无收货人或收货人地址不详。
(2) 收货人对货物到达通知不予答复。
(3) 收货人拒绝提货。
(4) 收货人拒绝支付应付费用。

(5) 其他原因。

(二) 无法交付货物的处理方法

自承运人发出到货通知的次日起 14 日内货物无人提取，承运人应当通知始发站，由始发站征求托运人处理意见。满 60 日仍无人提取，又未收到托运人的处理意见时，按无法交付货物处理。

(1) 凡属政府禁止运输和限制运输的物品、贵重物品以及珍贵文史资料等货物，无偿移交政府主管部门处理。

(2) 凡属一般的生产、生活资料，作价移交有关物资部门或商业部门。

(3) 凡属鲜活易腐货物或保管有困难的货物，由承运人酌情处理。由此产生的费用由托运人承担。

(4) 经作价处理的货款，由承运人财务部门负责保管。从处理之日起 90 日内，如有托运人或收货人认领，扣除该货物的保管费和处理费后的余款退给认领人；如 90 日后仍无人认领，应当将余款上交国库。

(5) 对于无法交付货物的处理结果，由目的站通过始发站通知托运人。

二、品名不符货物的处理

货物品名不符是指货物的实际名称与运输凭证上填写的货物名称不相符。发现此种情况，要区分其性质，正确处理。

(一) 货物品名不符的一般处理要求

(1) 对品名不符的货物，承运人可根据情节轻重，在必要时交由公安机关或有关部门处理。

(2) 因托运人伪报品名，给承运人或乘机旅客、行李、邮件和其他货物造成损失的，由托运人负完全责任。

(3) 伪报品名的贵重货物发生损失，其赔偿问题应当根据具体情况酌情处理。

(二) 贵重物品品名不符的处理

凡不属于有意取巧的，只补收运费差额。如属伪报品名，则应按以下规定处理：

(1) 在始发站：停止发运，通知托运人取回，已收运费不退。如托运人仍要求空运，应当按贵重物品重新办理托运手续。

(2) 在中途站：停止运送，通知托运人，已收运费不退，并对含贵重物品的整票货物按照实际运送航段另核收普通货物基础运价150％的运费。

(3) 在到达站：对贵重物品的整票货物，已收运费不退，另核收普通货物基础运价150％的运费。

（三）伪报夹带部分货物的处理

发现托运人伪报品名，在货物中夹带政府禁止运输或限制运输物品或危险物品时，按下列规定处理：

(1) 在始发站：停止发运该票货物，通知托运人取回，已收运费不退，并视情节报告有关部门。

(2) 在中途站：该单全部货物停止运送，通知托运人取回，已收运费不退，并按照实际运送航段另核收运费，并视情节报告有关部门。

(3) 在到达站：对夹带的货物补收全程运费，并视情节报告有关部门。对应补收的费用，可向收货人收取，收妥后方可交付货物。

课后练习

一、单项选择题

1. 以下情形中，（　　）不可判定为无法交付货物。

A. 货运单上所列收货人地址不详

B. 收货人对货物到达通知不予答复

C. 收货人承诺次日提货

D. 收货人拒绝提货

2. 发现托运人伪报品名，在货物中夹带政府禁止运输或限制运输物品或危险物品时，（　　）应对夹带的货物补收全程运费，并视情节报告有关部门。

A. 始发站　　B. 中途站　　C. 经停站　　D. 到达站

二、简答题

1. 简述无法交付货物的处理方法。

2. 简述货物品名不符的一般处理要求。

任务二　处理民航货物运输不正常情况

学习目标

1. 熟悉各种货物运输不正常情况的处理方法。
2. 能正确处理各种货物运输不正常情况。

一、货物装卸差错的处理

（一）货物漏装

货物漏装是指货物始发站在班机起飞后发现货邮舱单上已列货物未装机，民航货运单已随机带走。

货物漏装的处理方法如下：

（1）始发站发现货物漏装时，应立即电告货物目的站和中转站，电报中应注明漏装货物的货物单号码、件数、重量、始发站和目的站。同时，应尽可能告知续运的航班、日期。

（2）漏装货物一般由原承运人的航班运送。如改变运输路线，则应要求原卸机站将原货运单转给改变路线后的货物卸机站或目的站。

（3）运送漏装货物时，需随附漏装货物货运单副本及相关电文复印件，并将漏装货物列在续运航班的货邮舱单上。

（4）始发站发现货物漏装时，如货运单和货邮舱单尚未转交财务部门，应立即做出相应的更改；如已转交财务部门，则应通知有关部门更改。

（二）货物漏卸

货物漏卸是指按照货邮舱单卸机时，应卸下的货物没有卸下。货物漏卸的处理方法如下：

（1）收到漏卸货物的航站应立即电告漏卸站并将漏卸货物运至目的站或退回漏卸站。漏卸货物如有原始货运单，应连同货物一起转运；如无原始货运单，应填开货（邮）运代单，予以转运。

(2) 转运漏卸货物应随附相关电文复印件，并将该漏卸货物显示在转运航班货邮舱单上。

(3) 漏卸站发现货物漏卸，应立即向有关站发电查询，各有关站应及时查找，并复电将查找结果告知漏卸站。

(三) 货物错卸

货物错卸是指经停站由于工作疏忽将其他站的货物卸下。货物错卸的处理方法如下：

(1) 应立即电告卸机站（可能是目的站或经停站）和有关站，并抄送始发站。

(2) 需特殊照料的货物，错卸站应采取相应措施加以保管，以免货物受损。

(3) 应尽快安排错卸货物续运至目的站或原卸机站。续运错卸货物时应随附相应电文复印件和货运单。如无原始货运单，应采取货（邮）运代单。错卸货物应显示在续运航班货邮舱单上。

二、收货错误的处理

(一) 货物多收

货物多收是指由于装卸等原因在到达站多收货物。货物多收的处理方法如下：

(1) 如有货运单或标签，应根据货运单号码、件数、重量向前方各站拍发电报，询问处理办法；如无货运单或标签，则应根据多收货物的件数、重量、尺寸、外包装类型、标记等向前方各站拍发电报，询问处理办法。

(2) 收到始发站或其他站对该货物的处理指示后，应按照指示办理。

(3) 经详细查询后无回音时，应按无法交付货物处理。

(二) 货物少收

货物少收是指由于装卸等原因造成到达站短收货物。货物少收的处理方法如下：

(1) 拍发电报通知前方站货物少收。

(2) 按通知在进港货邮舱单上注明，并随附相关电文复印件。

(3) 收存少收货物的货运单，待货物运达后处理。

(4) 如本站为转运站而少收货物已由其他航班转运至目的站，应将货运单转往该站。

(5) 如少收货物已由其他空运企业运至目的站，应将货运单连同漏装、错卸站的电报复印件一并转交该空运企业，做好交接记录。

三、货单不符的处理

(一) 有单无货

有单无货是指到达站只收到民航货运单而未收到货物。有单无货的处理方法如下：

(1) 发电与始发站和有关航站联系，并将货运单妥善保存，等待货物运达。

(2) 如多收的货运单并非寄给本站的，可根据来电要求将货运单及相关电文复印后寄往或退回有关航站。

课堂练习

一票货物从成都运往上海，在目的站上海核对时，发现多了一份从成都运往武汉的货运单，但该航班上没有此票货物。上海航站应如何处理？

(二) 有货无单

有货无单是指到达站只收到货物而未收到民航货运单。有货无单的处理方法如下：

(1) 发电向始发站和经停站查询，要求尽快补运或传真货运单。

(2) 始发站收到有关丢失货运单的电报后应及时查找，如未能找到原始货运单，应通知有关站货运单正本已丢失，用货（邮）运代单代替正本完成后续工作，并尽快补运货运单副本和有关随机文件。

(3) 联运货物可根据始发站的通知，用货运单副本（随附相关电文复印件）将货物转运至有关站，在转运时应保留一份货运单副本备查。

四、包装差错的处理

(一)错贴(挂)货物标签

错贴(挂)货物标签是指托运人将货物的标签贴(挂)错,致使货物上的标签与民航货运单或货邮舱单上所列明的内容不符。错贴(挂)货物标签的处理方法如下:

(1)发现货物错贴(挂)货物标签的航站应立即电告始发站。

(2)如中转站收到始发站的错贴(挂)货物标签电报,则应根据电报进行更正。

(二)货物无标签

货物无标签是指货物外包装上没有运输标签。货物无标签的处理方法如下:

(1)将货物的包装、外形特征等基本情况通知装机站和其他有关航站。

(2)根据装机站或其他航站提供的线索,核对货物外包装上的货物标记与货运单的内容是否相符。如果相符,补贴(挂)运输标签后,按正常货物继续运输。如果货物标记与货运单不相符,应检查随附的有关文件和资料,必要时开箱检查。可以确定的,补贴(挂)运输标签,按正常货物运输;仍然不能确定的,在货物外包装上贴(挂)不正常货物标签,将货物存放在指定位置,按无法交付货物进行处理。

课堂练习

一票货物从青岛运往拉萨,在中转站西安被发现没有贴(挂)货物标签。西安航站应如何处理?

五、货物丢失与破损的处理

(一)货物丢失

货物丢失是指按照货邮舱单所列,本应运达本站的货物没有运达。货物丢失的处理方法如下:

(1) 货物丢失站应采取以下措施：

①核对有关运输文件，分析可能丢失的原因。

②查找货物可能放置的地方，清点仓库货物。

③立即向有关站发电查询。

④填制"运输事故记录"。

(2) 装机站应采取以下措施：

①收到查询电报后，应认真核对运输文件，清点仓库，检查货物是否确已装机。

②做好调查记录，应在 24 小时内将调查结果电告货物丢失站。

③若货物已找到，应立即电告货物丢失站并告知有关各站，并尽可能安排最早航班运至货物目的站或货物丢失站。

(3) 经停站应采取以下措施：

①收到查询电报后，应立即查找货物，调查货物是否错卸。

②做好调查记录，在 24 小时内将调查结果告知货物丢失站。

③若货物已找到，经停站应立即电告货物丢失站并告知有关各站，并尽可能安排最早的航班运至货物目的站或货物丢失站。

课堂练习

一票货物从上海运往北京，货运单号码为 999－64824244，共 10 件 230kg，货物品名为服装。1 月 24 日，该票货物到达北京，25 日清仓时，工作人员发现货物丢失两件 70kg。请问北京站应如何处理？

（二）货物破损

货物破损是指货物在运输过程中破裂、伤损、变形、湿损、损坏等。货物破损的处理方法如下：

(1) 发现货物破损时，应立即拍发电报通知有关站并及时填制"运输事故签证"（如图 5-1），并由地面操作人员在事故签证上签字。

收货人姓名及地址	
包装情况	
所附证件	
事故发生或经过	
结论	
填报人	姓名　　职别或通讯处
	1.
	2.
	3.
	4.

图 5-1　运输事故签证

（2）对联运货物，必须将包装修复或重新包装后，才能续运。所需修理费或包装费由承运人承担。

（3）在货物转运前，应做好多份"运输事故签证"，转运时将此签证附在货物单上，随货物运往目的站。

（4）在交付货物前，承运人或航站应填写好"运输事故签证"，会同收货人共同检查货物内容。收货人在注明破损情况的货运单上签收，如收货人提出要求，可给予其一份"运输事故记录"。

课后练习

一、填空题

1. 漏装货物一般由_____的航班运送。

2. 漏卸货物如有原始货运单，应连同货物一起转运；如无原始货运单，应填开_____，予以转运。

二、单项选择题

1. （　　）是指货物始发站在班机起飞后发现货邮舱单上已列货物未装机，民航货运单已随机带走。

A. 货物漏装　　B. 货物漏卸　　C. 货物错卸　　D. 中途拉卸

2. （　　）是指按照货邮舱单所列，本应运达本站的货物没有运达。

A. 有货无单　　B. 有单无货　　C. 货物丢失　　D. 货物破损

三、简答题

1. 简述货物多收的处理方法。

2. 简述有货无单的处理方法。

任务三　处理民航货物运输变更情况

学习目标

1. 熟悉自愿变更运输与非自愿变更运输的处理方法。
2. 能正确处理各种货物运输变更。
3. 理解并能正确处理运费更改。

一、自愿变更运输

自愿变更运输是指由于托运人的原因改变运输。

（一）自愿变更运输的一般规定

（1）货物交运后和提取前，托运人有权对货运单上所列全部货物的运输做如下变更：

①发运前在始发站退运。

②在航班的任一经停站停运。

③从目的站退回始发站。

④变更收货人。

⑤变更目的地。

（2）托运人要求变更运输时，应提出书面申请，出示货运单正本，并保证负担因此而产生的一切费用。

（3）始发站在接受托运人变更运输的要求时，应注意以下几点：

①托运人不得要求将货运单上列的部分货物变更运输，也不得要求将整批货物分批变更运输。

②不得由于托运人要求变更运输而损害承运人或其他托运人的利益。如不能满足托运人要求，应及时通知托运人。

课堂练习

托运人托运一票货物从北京运往大连，该票货物共 7 件 140kg，货物品名为印刷品。在货物发运前,托运人要求承运人将其中两件货物的目的站改为成都。请问承运人能否接受托运人的要求?为什么?

(二)自愿变更运输的处理

1. 发运前退运

(1)向托运人收回货运单正本。

(2)填开退款单,扣除地面运输费、退运手续费、保险费、声明价值附加费等费用。

(3)将扣除后所余金额连同退款单的托运人联一并交给托运人。

2. 中途站停运

中途站在货运单上注明"中途停运"字样和停运日期,按照始发站要求对货物做出相应处理,并将处理情况通知始发站。始发站收取已使用航段的运费,剩余运费退还托运人。如货物因绕道运输,已使用航段的运费超过已收的货物运费,则不再退运费。

3. 变更到达站

(1)发运前的变更:向托运人收回货运单托运人联,将原货运单各联作废,按退运手续处理,免收手续费;按变更后的到达站填制新的货运单。

(2)发运后的变更:始发站根据变更后的到达站重新计算运费,差额多退少补;货物原中途站或目的站根据始发站的通知在货运单上注明"根据××站函、电要求变更至××站"的字样以及执行日期和改运地点等。将变更后的货运单随货物运至变更后的目的站。

4. 退回始发站

(1)由目的站将货物退回始发站,始发站向托运人收取回程航段的运费。

(2)由中途站将货物退回始发站,始发站向托运人收取回程航段的运费,未使用航段的运费退还托运人。

(3)中途站或目的站根据始发站的通知在货运单上注明"根据××站函、电要求退回始发站"的字样以及执行日期和改运地点等。将原货运单留存,重新填制货运单,将原货运单其中一联和始发站的变更通知联与新

填制的货运单托运人联和财务联一起交财务部门。

(4) 退运站使用新货运单退运,须将原货运单号码注明在"结算注意事项"栏内,货物退运产生的费用填写在"到付"栏内。

(5) 目的站向托运人结算费用时,应将新货运单收货人联交托运人。

(6) 退回始发站的货物一般由原承运人运输。

5. 变更收货人

(1) 发运前变更:在货运单上将原收货人划去,在旁边空白处书写变更后的收货人名称,并在涂改处加盖业务章和私章(全称签名)。

(2) 发运后变更:在到达站变更收货人,必须凭始发站的详细更改电报或其他详细的书面更改要求方可办理。

二、非自愿变更运输

非自愿变更运输是指由于天气、机械故障、货物积压、禁运和承运人的其他原因而改变已订妥的航班和运输路线。

(一) 承运人的责任

非自愿变更运输时,承运人应按照货物运输安全、迅速、可靠的原则,尽快将货物运至目的站。具体可采取以下措施:利用自己的其他航班将货物运至目的站,或利用地面运输将货物运至目的站,还可以将货物转交给其他承运人运至目的站。

(二) 运杂费的处理

(1) 始发站的处理:在始发站,运杂费均退还托运人。

(2) 中途站的处理:在发生变更时须及时征求托运人的处理意见,并将托运人的处理意见反馈给中途站。如托运人要求将货物运回始发站,民航货物运费退还托运人,其他杂费不退;如托运人要求将货物续运(改用其他承运人或用其他运输方式)至原目的站,运费多退少补,杂费不退;如托运人要求变更目的站,退回未使用航段的民航货物运费,另核收新航段的民航货物运费,杂费不退。

三、运费更改

在货物运输过程中,由于托运人的原因或由于承运人(或其代理人)

工作差错,需更改运费的具体数额或运费的付款方式时,应及时采取措施予以更改。

(一)托运人办完托运手续后更改运费

如货物尚未发运,应重新填开货运单,并视情况退回运费或补收运费。如货物已发运,可按下列规定办理:

(1)如该货物是预订吨位,货运单上也已填列各承运人及航班日期,则应发电通知指定的承运人和目的站,要求在货运单上做相应的更改,并要求复电证实。

(2)如该货物未预订吨位,货运单上未填列各承运人,则可直接电告货物目的站有关部门,要求在货运单上做相应的更改,并要求复电证实。

(3)如货物已被收货人提取,则应将情况告知托运人,不予办理更改手续。

(二)因承运人过失造成运费更改

如因承运人(或其代理人)工作过失造成运费多收、少收或错列付款方式,也应发电通知有关承运人和货物目的站有关部门,要求在货运单上做相应的更改,并要求复电证实。

无论何种原因造成的差错,除应及时发电通知有关承运人和货物目的站有关部门,要求更正并复电证实外,还必须填制"货物运费更改通知单"(如图5-2所示)一式若干份(视情况而定),送沿途有关部门,包括在货物目的站交付货物的空运企业和始发站的财务部门,同时应留存一份附在货运单存根联后备查。

编号:			
货运单号	始发站	目的站	日期、地点
到站	第一承运人:	航班号	日期
到站	第二承运人:	航班号	日期
到站	第三承运人:	航班号	日期
更改后运费额		原运费额	
更改项目		更改原因	
托运人			
收货人			
收运单位 日期、地点 制单人			
回 执			
收文单位		发文单位	
编 号		日 期	
货运单号		签 字	

图5-2 货物运费更改通知单

民航货物运输

课后练习

一、填空题

1. _____是指由于托运人的原因改变运输。

2. 退运站使用新货运单退运，须将_____注明在"结算注意事项"栏内，_____填写在"到付"栏内。

3. _____是指由于天气、机械故障、货物积压、禁运和承运人的其他原因而改变已订妥的航班和运输路线。

二、简答题

1. 托运人要求将货物退回始发站时，承运人应如何处理？

2. 托运人办完托运手续后更改运费，承运人应如何处理？

项目二　民航货运赔偿

任务　处理民航货运中的赔偿问题

学习目标

1. 熟悉并能区分托运人和承运人的责任。
2. 了解民航货运中的赔偿责任限额和赔偿诉讼期限。
3. 能正确处理民航货运中的赔偿问题。

一、民航货运中各相关人的责任

（一）托运人的责任

托运人应当对货运单上所填写的关于货物的说明和声明的准确性负责。因货运单上所填写的说明和声明不符合规定、不准确或者不完全，给承运人或者承运人对之负责的其他人造成的损失，托运人应当承担赔偿责任。

托运人应当提供必要的资料和文件，以便在货物交付收货人前完成法律法规所规定的有关手续；因没有此种资料和文件，或者此种资料和文件不充足或者不符合规定造成的损失，除由于承运人或者其受雇人、代理人的过错造成的外，托运人应当对承运人承担责任。除法律法规另有规定外，承运人没有对这些资料和文件进行检查的义务。

（二）承运人的责任

1. 承运人的一般责任

承运人从货物收运时起，到交付时止，承担安全运输的责任。在货物运输期间发生的货物损失，承运人应承担责任，但法律法规另有规定的除外。

民航货物运输

承运人能够证明货物的毁灭、遗失或者损坏完全是由不可抗拒的原因造成的，或者承运人证明本人或者其受雇人、代理人为了避免损失的发生，已经采取一切必要措施或者不可能采取此种措施的，不承担责任。

2. 连续承运人的责任

由几个连续承运人根据一份民航货运单进行的运输被视为一个单一运输的过程。在运输过程中，对货物损失或延误等，托运人有权对第一承运人提起诉讼，收货人有权对最后承运人提起诉讼，托运人或收货人均可以对发生货物损失或延误等的运输区段的承运人提起诉讼。

课堂练习

一票货物从巴黎运至北京，货运单号 999－87654938，1 件 463kg，航班 XY767/16MAY，货物价值 3575 美元，品名干酪。事故为解冻后受损。事故原因为当天上午 10 点发出到货通知，收货人当天提取货运单，办理海关手续后来提货，发现货物没有冷藏，但是货运单的操作注意事项上明确写有"KEEP COOL"，分拣的工作人员没有注意到。经过拣选，最终损失达到 60%。请分析该案例。

二、民航货运中的赔偿责任限额

（一）办理了声明价值货物的赔偿限额

办理了声明价值并交付了声明价值附加费的货物，在运输过程中发生损失，该声明价值为最高赔偿限额。承运人能够证明货物的实际损失低于声明价值的，按实际损失赔偿。

（二）未办理声明价值货物的赔偿限额

未办理声明价值的货物在国内运输中发生损失，承运人对托运货物的赔偿责任限额为毛重每千克 100 元人民币。由于承运人的原因，货物超过约定或规定期限运出，每延误 1 天的赔偿额不超过该票货物实付运费的 5%，赔偿总额以全部运费为限。

（三）保险货物的赔偿限额

投保民航运输险的货物，在运输过程中发生损失，由保险公司按照有关规定赔偿。

（四）部分货物损毁的赔偿限额

托运货物的一部分或者货物中的任何物件毁灭、遗失、损坏或延误的，用以确定承运人赔偿责任限额的重量，仅为该一包件或者数包件的重量。但是，货物的一部分或者货物中的任何物件的毁灭、遗失、损坏或延误，影响同一份民航货运单所列其他包件价值的，确定承运人的赔偿责任限额时，此种包件的总重量也应当考虑在内。

资料：

女子武汉乘飞机千元香烟托运丢失航空公司赔偿百元

在武汉上飞机时，行李包里有三条高档香烟，在呼和浩特下飞机时，只剩下两条。呼和浩特的罗女士称，丢失的香烟价值近千元，航空公司仅按照 100 元/kg 标准赔偿她 100 元。

2015 年 12 月 23 日 10 时许，罗女士在天河机场搭乘深圳航空公司 ZH9853 次航班返回呼和浩特。前一天晚上，她买了三条高档香烟，放在行李包中。

在天河机场，罗女士为行李包办理了托运。12 时许，航班抵达呼和浩特。罗女士发现行李包里的三条高档香烟只剩下两条。罗女士找到航班工作人员反映，经称重比对，上飞机前，称得行李包重量为 7kg，而下飞机后，拿到的行李重量为 6.2kg，确实有物品遗失。

"行李包拉链完好如初，也没有破损或被翻动的痕迹。"罗女士来到机场派出所报警，民警表示将联合机场方调查，并建议罗女士和航空公司协商赔偿事宜。罗女士找到深航咨询赔偿事宜，对方说出的赔偿金额让她大跌眼镜：按照公司规定，只能赔偿 100 元。一番协商无果，罗女士只得拿着 100 元赔偿金离开机场。

深圳航空公司客服人员称，《深圳民航有限责任公司旅客、行李国内运输总条件》第 57 条规定，深航对托运行李损失的赔偿金额每千克不超过 100 元，如行李的价值低于上述限额，按实际价值赔偿。"罗女士行李如何丢失，价值多少，核实存在一定困难。出于对乘客的信任，丢失行李虽不足 1 千克，公司仍按照最高标准予以赔偿。"该客服人员表示。

三、民航货运中的赔偿诉讼期限和诉讼时效

(一) 诉讼期限

收货人收受货物而未提出异议,视为货物已经完好交付。托运货物发生损失的,收货人应当在发现损失后 14 日内提出异议;货物发生延误的,应当自货物交付收货人处理之日起 21 日内提出。承运人承认货物已经遗失,或者货物在应当到达之日起 7 日内仍未到达的,收货人有权在自民航货运单填开之日起 120 日内向承运人索赔。

提示:任何异议均应当在上述规定的期间内写在运输凭证上或者另以书面形式提出。除承运人有欺诈行为外,收货人未在规定的期间内提出异议的,不能向承运人提出索赔诉讼。

(二) 诉讼时效

民航运输的诉讼时效为两年,自民用民航器到达目的地点、应当到达目的地点或者运输终止之日起计算。

课后练习

一、单项选择题

1. 未办理声明价值的货物在国内运输中发生损失,承运人对托运货物的赔偿责任限额为毛重每千克(　　)元人民币。

　　A. 50　　　　B. 80　　　　C. 100　　　　D. 200

2. 托运货物发生损失的,收货人应当在发现损失后(　　)日内提出异议。

　　A. 7　　　　B. 14　　　　C. 21　　　　D. 30

3. 民航运输的诉讼时效为(　　),自民用民航器到达目的地点、应当到达目的地点或者运输终止之日起计算。

　　A. 三个月　　B. 半年　　　C. 一年　　　D. 两年

二、简答题

1. 简述托运人的一般责任。
2. 简述承运人的一般责任。

附录一　国内主要航空公司二字代码

代码	航空公司	代码	航空公司
CA	中国国际航空股份有限公司	JD	北京首都航空有限公司
MU	中国东方航空股份有限公司	9C	春秋航空股份有限公司
CZ	中国南方航空股份有限公司	PN	西部航空责任有限公司
HU	海南航空控股股份有限公司	NS	河北航空有限公司
ZH	深圳航空有限责任公司	JR	幸福航空有限责任公司
SC	山东航空股份有限公司	KY	昆明航空有限公司
MF	厦门航空有限公司	VD	河南航空有限公司
FM	上海航空股份有限公司	CN	大新华航空有限公司
3U	四川航空股份有限公司	GS	天津航空有限责任公司
EU	成都航空有限公司	KA	国泰港龙航空有限公司
8L	云南祥鹏航空有限责任公司	CX	国泰航空有限公司
BK	奥凯航空有限公司	NX	澳门航空股份有限公司
G5	华夏航空股份有限公司	CI	台湾中华航空股份有限公司
KN	中国联合航空有限公司	BR	长荣航空股份有限公司
HO	上海吉祥航空股份有限公司	TV	西藏航空有限公司
UQ	乌鲁木齐航空有限责任公司	FU	福州航空有限责任公司
OQ	重庆航空责任有限公司	AQ	九元航空有限公司
DR	瑞丽航空有限公司	GJ	浙江长龙航空有限公司
DZ	深圳东海航空有限公司	QW	青岛航空股份有限公司

附录二 各类机型飞机货舱数据

机型	行李、货舱门（m）	行李舱、货舱容积（m²）	地板承受力（kg/m²）	可装集装箱（板）
B777-200	前货舱 2.70×1.70 后货舱 1.80×1.70	158.17	976	前舱 18AVE 箱或 6P6P 板或 P1P 板 后舱 14AVE 箱或 4P6P 板或 2AVE 箱及 4 P1P 板
	散舱 0.90×1.10		732	
B747-400	主货舱 3.05×3.40 前下舱 1.68×2.64 后下舱 1.68×2.64	120	976	主货舱 7P6P 板 前舱 5P1P 板 后舱 16AVE 箱
	散舱 1.19×1.12		732	
B747-200	主货舱 3.05×3.40 前下舱 1.68×2.64 后下舱 1.68×2.64	170	976	主舱 7P6P 板 下舱 9P1P 或 30AVE 箱
	散舱 1.19×1.12		732	
B747-SP	前舱 1.73×2.64 后舱 1.73×2.64	107.62	976	前舱 3P1P 板或 10AVE 箱 后舱 3P1P 板或 12AVE 箱
B747-300	主货舱 3.05×3.40 前下舱 1.68×2.64 后下舱 1.68×2.64	175.3	976	主舱 7P1P 板 下舱 9P1P 或 30AVE 箱
	散舱 1.19×1.12		732	
B767-200	前舱 3.40×1.75 后舱 1.78×1.75	99.2	976	前舱 3P1P 板或 12DPE 箱 后舱 10DPE 箱
	散舱 0.97×1.19		732	

附录二 各类机型飞机货舱数据

机型	行李、货舱门（m）	行李舱、货舱容积（m²）	地板承受力（kg/m²）	可装集装箱（板）
B767－300	前舱 3.40×1.75 后舱 1.78×1.75	99.2	976	前舱4P1P板或16DPE箱 后舱10DPE箱
	散舱 0.97×1.19		732	
B757	前舱 1.07×1.07 后舱 1.40×1.12 散舱 1.22×0.81	50.8	732	
B737－200	1.22×0.89	24.78	732	
B737－300	前舱 1.22×1.30 后舱 1.22×1.22	30.2	732	
B737－500	前舱 1.22×0.89 后舱 1.22×0.84	23.2	732	
A300－600	前舱 1.71×2.44 后舱 1.71×1.81	121.9	976	前舱4P1P板或6AVE箱 后舱10AVE箱
A310－200	2.70×1.69	84.8	976	前舱3P1P板 后舱6AVE箱

附录三 货运操作代码

操作代码	英文全称	中文全称
AOG	Aircraft on Ground	航材
AVI	Live Animal	活体动物
BIG	Outsized	超大货物
CAO	Cargo Aircraft Only	仅限货机
EAT	Foodstuffs	食品
FRO	Frozen Goods	冷冻货物
ICE	Dry Ice	干冰
NWP	Newspapers, Magazines	报纸、杂志
OBX	Obnoxious Cargo	有强烈异味货物
PEF	Flowers	鲜花
PEM	Meat	肉类
PER	Perishable Cargo	易腐货物
PES	Fish/Seafood	鱼/海鲜
VAL	Valuable Cargo	贵重货物
HEA	Heavy Cargo, 150 kgs and Over Per Piece	单件 150kg 以上货物

附录四 常见的缩写代码

缩写代码	英文全称	中文全称
AWB	Air Waybill	航空货运单
CC	Charges Collect	运费到付
CCA	Cargo Charges Correction Advice	货物运费更改通知书
LAR	Live Animals Regulations	活体动物运输规程
NVD	No Value Declared	无声明价值
PP	Charges Prepaid	运费预付
SLI	Shipper's Letter of Instruction	托运书
ULD	Unit Load Device	集装器
HAWB	House Air Waybill	分运单
MAWB	Master Air Waybill	主运单

附录五 不正常运输的种类和代码

代码	英文全称	中文全称
OFLD	Offloaded	卸下，拉货
SSPD	Short-shipped	漏（少）装
OVCD	Overcarried	漏卸（运过境）
MSCA	Mislabeled Cargo	贴错标签货物
FDCA	Found Cargo	多收货物
MSAW	Missing AWB	少收货运单
FDAW	Found AWB	多收货运单
DMG	Damage	破损

附录六 其他费用代码

代码	名称	代码	名称
AC	动物容器租赁费	AS	集中货物服务费
AT	押运员服务费	AW	货运单费
CD	目的地清关处理费	CH	始发地清关处理费
DB	代垫付款手续费	DF	分发服务费
FC	运费到付服务费	GT	政府捐税
HR	灵柩、骨灰附加费	IN	代保险服务费
LA	动物处理费	MA	代理人收取的杂项费用
MY	燃油附加费	PK	包装服务费
RA	危险物品处理费	SD	在目的地的地面运费
SO	在始发地的保管费	SR	在始发站地面运费
SU	地面运费	TR	过境费
TX	税款	UH	集装设备操作费

参考文献

[1] 王吉寅，张桥艳. 民航货物运输［M］. 重庆：重庆大学出版社，2017.

[2] 张卓远，杨长进，何平. 民航货物运输［M］. 北京：航空工业出版社，2016.

[3] 辜英智，邓红军. 民用航空客货运服务常识［M］. 成都：四川大学出版社，2014.

[4] 王益友. 航空国际货物运输［M］. 北京：化学工业出版社，2013.

[5] 陈红霞. 国际航空货物运输实务［M］. 北京：国防工业出版社，2012.

[6] 陈芳. 民航国内货运销售实务［M］. 北京：中国民航出版社，2010.

[7] 赵影，钟小东. 民航客货运输实务［M］. 北京：中国民航出版社，2007.